ANWB EXTRA

Provence

W0183118

Klaus Simon

Inhoud

Gezelligheid troef: wijnfeesten in de Provence, zoals hier in Lourmarin

Bienvenue!

Te gast in de Provence

Plaatsbeschrijvingen

Pernes-les-Fontaines, de stad van de fonteinen met zijn laat-middeleeuwse vestingpoorten

12 Hoogtepunten

Extra-routes

Plattegronden

20 Extra-tips

De Provence op internet

Ook in Frankrijk heeft internet in alle sectoren zijn intrede gedaan: vrijwel geen enkel toeristenbureau, hotel, restaurant, duikclub of natuurpark doet het nog zonder een eigen website en een e-mailadres. Reserveringen via internet zijn de normaalste zaak van de wereld. In de meeste gevallen is de informatie zowel in het Frans als het Engels beschikbaar, en soms ook in het Duits. Houd er rekening mee dat u bij zoekopdrachten geen leestekens hoeft mee te geven. Onderstaande websites kunt u gebruiken voor een eerste kennismaking met de Provence, specifieke adressen vindt u in het betreffende hoofdstuk of onder de gezochte plaats in het hoofdstuk 'Plaatsbeschrijvingen' (blz. 38–105).

Landencode: fr.

http://provence.pagina.nl
http://provence.startkabel.nl
Prima startsites met een keur aan links over diverse onderwerpen, zoals campings, restaurants, steden en markten.

http://nl.franceguide.com
http://be-nl.franceguide.com
Website van het Maison de la France met meer dan 600 touroperators die hun programma's promoten.

www.tourisme.fr
Gezamenlijke site van de 3600 toeristenbureaus in Frankrijk (zowel Frans- als Engelstalig).

www.index-paca.net
Geïllustreerd overzicht van alle internetsites van de regio's Provence, Alpes, Côte d'Azur en Monaco, gerangschikt naar onderwerp en regio (Franstalig).

www.provence.guideweb.com
On-linegids voor de gehele Provence-Côte d'Azur. Ook in het Engels.

www.beyond.fr
Reisinformatie, met chatforum (Engelstalig).

www.enprovence.com
Overzichtelijk portal met talloze links, bijvoorbeeld over de geschiedenis, vervaardiging en aanbieders van santons, de kerststalfiguren uit de Provence (Franstalig).

www.cr-paca.fr
Portal van het regionale toeristenbureau van de Provence met informatie over feesten en evene menten (Franstalig).

www.visitprovence.com
Portal van het departement Bouches du Rhône (Arles, Aix, Alpilles, Camargue). Franstalig.

www.tourismevar.com
Portal van het departement Var (Gorges du Verdon). Franstalig.

www.drometourisme.com
Portal van het departement Drôme (Drôme Provençale met Nyons, St-Paul-Trois-Châteaux). Nederlandstalig.

www.alpes-haute-provence.com
Portal van het departement Alpes-de-Haute-Provence (Manosque, Sisteron, Plateau de Valensole, Gorges du Verdon). Frans- en Engelstalig.

www.occitania.fr
Alles over olijven: de verschillende soorten, olie, geschiedenis (Frans).

Bienv

Na Pasen kan er weinig meer mis gaan – weg met de vaalblauwe hemel, afgelopen met de bleke winterzon. De laatste fijnproevers keuren op de markten de kwaliteit van de peperdure truffel, want hun seizoen loopt nu ten einde. Men babbelt weer door de open ramen met elkaar, het is zomer. Misschien nog niet op de kalender, maar wel op de terrassen aan de Cours Mirabeau in Aix-en-Proven-

enue!

ce, op de lavendelvelden van het Plateau de Valensole en in de wijngaarden van de Lubéron. Vooral voor en na de zomer is het weer hier zoals u dat in Zuid-Frankrijk verwacht: zonnig en helder. Bij de Romeinse ruïnes staan dan nog geen ellenlange rijen, voor de avant-gardistische kunst van de 20e eeuw snorren nog niet onafgebroken camcorders. Dus pak uw koffers en kom naar het licht!

Bienvenue!

Pauselijke stad:
Avignon aan de Rhône

In het voorjaar, als de Provence zich nog koestert in het landerige ritme van de voorzomerse Midi, de autochtonen aan de bar nog onder elkaar zijn en u niet in elk slingerend straatje van elk provincieplaatsje een goedbedoelende, maar matig getalenteerde kunstenaar ziet aanrommelen, dan proeft u hier de levenslust. Natuurlijk, zon en warmte horen bij de Provence, maar de beste tijd om hierheen te reizen is voor of na de grote hitte, als in het voorjaar de kersenbomen rond Apt bloeien of als de herfstzon de grijswitte rotsen van de Alpilles goud kleurt.
Als er op de meer dan 3000 m hoge uitlopers van de zuidelijke Alpen nog sneeuw en ijs glinsteren, schakelt de Provence al over op de zomertijd. Voor de lunch op het dorpsplein worden de terrastafels al buiten gezet, ongehinderd dringen de zonnestralen door de nog kale kronen van de platanen en licht de koele rosé in het glas op.

De ongenaakbare mistral

Eerlijk is eerlijk: het geluk is nog breekbaar. De paradijselijke ogenblikken in een rood gespikkeld veld vol papavers of onder een zilvergrijs glimmende olijfboom vervliegen, zodra de ijzige mistral begint te waaien. In een oogwenk zijn de tuinbankjes en boulesbanen dan verlaten, maar net zo snel zoemen even later weer de bijen rond de bloeiende rozenstruiken.
De plaatselijke bevolking moet slechts één scherprechter in de Provence gedogen: de mistral. Zelfs de 1909 m hoge Mont Ventoux, de heilige berg van de Provence, kan de mistral niet stoppen. De slechte kant van deze noordenwind is zijn ijzige adem waarmee hij door het Rhônedal blaast en niets ontziend over de Provence heerst. Zo ver de mistral reikt, zo ver reikt ook de Provence, luidt een spreekwoord. Dat betekent van Nyons in het noorden, via het Plateau de Valensole in het oosten tot Arles in het zuidwesten. Zo ver reikt ook het (bijna) eeuwige blauw van de hemel – want de mistral veegt alle wolken van het firmament. Dat is zijn goede kant.

Onverwoestbaar zuiden

Zo wisselend als het weer is, zo onveranderlijk zijn de inwoners. De Provence is al heel lang een populaire bestemming en veel Noord-Europeanen beschouwen de streek nog altijd als het land van melk en honing. De inwoners trekken zich daar weinig van aan en gaan onverstoorbaar hun dagelijkse gang. Twaalf uur 's middags, waar dan ook in de Provence: bij de laatste slag van de smeedijzeren dorpsklok komen de bakkersvrouw en haar man uit hun

Hét symbool van de mediterrane cultuur: de olijfboom

winkeltje naar buiten. Voor de lunch draagt mevrouw een wit schort, meneer een blauwe kiel, *comme il faut*. De laatste klanten worden met een baguette en een welgemeend *bon appétit!* huiswaarts gestuurd. Uit de wijngaarden rond het dorp ronken de oude vrachtwagens en de tractoren het dorp binnen. De blikken armada komt voor het dorpscafé tot stilstand. Binnen hangt een sfeer van de vendetta boven de pastisglazen en de asbakken. Men moppert met dat typische, rollende accent van de Midi op de truffelspionage van Britse laboratoria, gaat tekeer tegen de Eurocraten van Brussel. Van de partij is dan ook de patron van het hotelletje in het volgende dorp: aan zijn lila sjaal en handgebreide trui is te zien dat hij in 1968 nog op de barricaden heeft gestaan.
Het dorp heet Lacoste, of Moustiers-Ste-Marie, of misschien wel Mérindol-les-Oliviers. Het is omringd door steile rotsen of ingesloten tussen de wijngaarden. Het café heet 'Café de France', 'Café des Sports' of 'Auberge de la Gloriette'. Elk van deze dorpen belooft – net als talloze andere – rustige dagen in de Provence, de sfeer die hele generaties kunstenaars inspiratie en creativiteit heeft geschonken: Henry Miller greep in zo'n 'Café de France' naar een pen en schreef de eerste bladzijden van 'Quiet Days in Clichy'. Miller zocht in de Lubéron het trage geluk van de Provence. Veel later kwam om dezelfde reden Jane Birkin hier wonen. Provinciaal is de Provence zeker in het westen niet meer – de Lubéron wordt wel als het 21e arrondissement van Parijs betiteld. Sinds de tot de pijngrens volgestouwde Côte d'Azur 'uit' is, wijkt tout Paris uit naar het achterland. Alternatievelingen die droomden van een leven van lavendelkweek en schapen hoeden woonden al langer in dit gebied, en ze werden snel gevolgd door Britten, Nederlanders en Duitsers met een voorkeur voor zon en licht. De koks van de landelijke auberges, die zich met een heel nieuwe clientèle geconfronteerd zagen, juichten de instroom toe, al was het alleen maar omdat er nu weer fatsoenlijke schapenkaas gemaakt werd.

La Vie en bleu

Een reis naar het licht van de Provence is al lang een bekend fenomeen. Van Gogh verhuisde op een koude februaridag in 1888 naar een kamer in Arles en zette de volgende ochtend bibberend zijn ezel op, 'om een ander licht te zien'. Hij vond het boven de zonnebloemvelden in het Rhônedal, zoals Cézanne op de Montagne Ste-Victoire en Picasso in de heuvels van Mougins:

de ochtend van Cézanne is inktblauw tegen een blanke hemel, de middag van Picasso okergeel en oudroze, de avond van Van Gogh bloedrood boven de Rhône. Voor alledrie kende de hemel boven de Provence geen grenzen.

Een keur aan landschappen

In het landschap zijn de grenzen langs de Middellandse-Zeekust en in de Alpen echter haarscherp. Bij de eerste naaldbomen kort voor Orange of bij de smalle toegang van het dal van de Durance bij Sisteron weet u: hier begint de Provence met al zijn tegenstrijdigheden. Binnen zijn grenzen verenigt hij uiteenlopende landschappen als het hooggebergte in Queyras, het eeuwenoude cultuurgebied van Vaison-la-Romaine en St-Rémy-de-Provence, de vlakke rijstvelden van de Camargue en spectaculaire bergkloven als de Gorges du Verdon. Maar ook de tegenstellingen tussen arm en rijk zijn scherp omlijnd. De bergachtige gebieden in het noorden raken steeds verder ontvolkt, terwijl het inwonertal van de steden in het heuvelachtige zuiden gestaag toeneemt. De bevolkingsdichtheid in de Alpes-de-Haute-Provence ligt op 18,9 mensen per km^2, terwijl dat cijfer in Bouches-du-Rhône 345,8 is. Anders gezegd: rond de dorpspleinen van het Plateau de Valensole leeft het *France profonde*, het landelijke Frankrijk, voort, terwijl de driehoek Carpentras-Cavaillon-Manosque de grootste dichtheid aan privé-zwembaden van heel Frankrijk telt. De noord-zuid-tegenstelling is ook zichtbaar in de economie: in de zuidelijke Provence is 95 procent van de arbeidsplaatsen van het gebied te vinden. De tertiaire sector, vooral het toerisme, neemt met 1 miljoen arbeidsplaatsen het leeuwendeel daarvan voor zijn rekening.

Water maakt het mogelijk

En hoe mooi de clichés over lavendelvelden en abrikozenbomen ook mogen zijn, slechts 8 procent van het grondgebied van de Provence is gecultiveerd

De Provence in cijfers

Ligging: de natuurlijke grenzen van de Provence zijn de zuidelijke Alpen, de Middellandse Zee en de Rhône. Geografisch loopt het gebied van het noordoosten naar het zuidwesten af, beginnend bij de meer dan 3000 m hoge Alpentoppen zoals de Mont Pelat. Ongeveer een kwart van de streek ligt op een hoogte tussen de 500 en 1000 m.

Inwoners: De Provence telt 4.305.000 inwoners (7,6 procent van de Franse bevolking). Al sinds de Oudheid heeft het gebied een stedelijke traditie; 90 procent van de inwoners woont in de steden, een percentage dat ruim boven dat van heel Frankrijk ligt.

Bestuur: De 31.430 km^2 grote bestuurlijke regio Provence-Alpes-Côte d'Azur (P.A.C.A.), die in de volksmond 'koppeltekenregio' wordt genoemd, is onderverdeeld in zes departementen. Hoofdstad is Marseille (807.000 inwoners). Over het beleid van het departement beslist de om de zes jaar gekozen Conseil Général. In de regio ligt de beslissingsbevoegdheid bij de gekozen leden van de Conseil Régional.

Druiventeelt aan de voet van de gekloofde Dentelles de Montmirail

veerd, en daarop wordt 3,7 procent van de arbeidsplaatsen verdeeld; wel zorgt men hier voor 20 procent van de Franse fruitproductie.

Aan de voet van de Dentelles de Montmirail verdrinken dorpen als Gigondas en Vacqueyras in de wijnranken. Verder zuidelijk, bij Cavaillon, is de Provence een uniek meloenenveld met een honingzoete geur, bij Apt een kersentuin, bij Valensole een oneindig lavendelveld. Het overvloedige water uit de vele bronnen en beken, maar meer nog uit de rivieren Durance, Nesque, Sorgue en Ouvèze, laat alles prachtig bloeien. Overal borrelt het uit kanaaltjes, waarmee de velden al sinds de Oudheid worden geïrrigeerd. Bij L'Isle-sur-la-Sorgue is er zo veel water, dat zich hier het grootste fruitteeltgebied van de Provence uitstrekt. De mistral mag dan de feitelijke overheerser van de Provence zijn, water is zijn rijkdom.

Een liefde voor het leven

Veel clichés worden op een reis door de Provence wel bevestigd. Zo komt elke weg vroeg of laat uit op een aan weerszijden met kolossale platanen omzoomde laan, en dan weer verder, de bergen in naar een of ander als een adelaarsnest op een rotspunt gelegen dorpje met een eeuwenoud (bij twijfel: romaans) kerkje. Blijf daar gewoon eens een nachtje slapen, want het uitzicht vanuit het hotel is uniek, terwijl het hotel zelf natuurlijk heerlijk zachte matrassen en een voortreffelijk restaurant biedt. En de lucht de volgende ochtend? Precies zo blauw als Cézanne hem schilderde. In de zachte zomerlucht hangt overal de geur van tijm en de stemming is zo dat u zich welhaast gedwongen voelt niet meer dan een lichte zomerjurk of een korte broek aan te trekken.

Misschien loopt Isabelle Adjani net onder uw raam langs, op weg om wat boodschappen te doen voor in haar tweede huisje ergens in de bergen, of scheurt Michel Piccoli net in zijn terreinwagen voorbij. De Franse schrijver Jean Giono zei ooit over zijn geboortestreek: 'Wie van de Provence houdt, houdt van de wereld.' En dus van het leven, voegen wij daaraan toe.

Geschiedenis

Pauselijk paleis in Avignon

vanaf 800 v.Chr.	Onstaan van de eerste Kelto-Ligurische nederzettingen.
6e eeuw v.Chr.	Grieken trekken vanuit Massalia (Marseille) naar het gebied. Vreedzame coëxistentie met de Kelto-Liguriërs.
2e eeuw v.Chr.	De Provence gaat deel uitmaken van de Romeinse provincie Gallia Narbonensis. Tot op de dag van vandaag heeft de Romeinse overheersing invloed op zeden en gebruiken.
476	Ineenstorting van het West-Romeinse rijk. De Provence wordt in de volgende eeuwen meerdere keren door Germaanse stammen en Arabieren overvallen.
972	Willem van Arles sticht het graafschap Provence.
12e eeuw	De Provence wordt verdeeld tussen de graven van Toulouse (gebied ten oosten van de Rhône) en Barcelona (westelijke Provence).
1226	Lodewijk VIII van Frankrijk bezet Avignon.
1247	De pausen krijgen, als dank voor hun steun in de strijd tegen de Albigenzen, de Venaissin (noordelijke Provence). Ze behouden de enclave tot 1791.
1309–1376	De pauselijke zetel verhuist naar Avignon. Zeven pausen leiden de katholieke kerk vanuit de stad.
1377	In Rome wordt Urbanus VI tot paus gekozen. In Avignon regeert een tegenpaus.
1434–1481	Onder graaf René van Anjou, de 'goede koning René', maakt de Provence een bloeiperiode door. Na de dood van de laatste graaf degradeert de Provence tot provincie van Frankrijk.

16e eeuw	In de godsdienstoorlogen (Waldenzenslachtingen in de Lubéron) wordt de Provence door Hendrik IV bij het Franse staatsbestel ingelijfd. Frans wordt in 1593 de officiële taal.
1660	Lodewijk XIV legt de provincie hoge belastingen op.
19e eeuw	In 1815 landt Napoleon na zijn verbanning in Golfe-Juan en trekt op naar Grenoble (Route Napoléon). Zijn heerschappij eindigt met een tweede verbanning, nu naar het eiland St. Helena. In de jaren zestig volgt de aanleg van spoorlijnen en wegen in de dalen van Rhône, Durance en Var.
1942–1944	Duitse troepen bezetten de Provence. In 1944 landen de geallieerden op de Middellandse-Zeekust.
1947	Eerste Festival d'Avignon, dat vandaag de dag Frankrijks belangrijkste theaterfestival is.
1962	Einde van de oorlog in Algerije; komst van duizenden verdrevenen *(pieds noirs)* en Noord-Afrikanen.
1970–1980	Regionale hervorming: instelling bestuurlijke regio Provence-Alpes-Côte d'Azur. Marseille wordt de hoofdstad van een regio met een rijke en dichtbevolkte kust en een verarmd en dunbevolkt bergachtig achterland.
1980–1990	De door president Mitterrand ingeluide decentralisatie leidt in 1981 tot de gedeeltelijke autonomie van de Provence. In 1984 bezwijken duizenden olijfbomen tijdens een periode van strenge vorst. Na de nieuwe aanplant groeit het aantal weer tot 4 miljoen. In 1989 verwoest een brand de door Cézanne vaak geschilderde bossen op de Montagne Ste-Victoire.
1990–2000	Bij overstromingen in 1992 verdrinken in Vaison-la-Romaine meer dan 50 mensen. Bij regionale- en gemeenteraadsverkiezingen groeit extreem rechts van Le Pen sterk. In 1998 behaalt Front National in Orange de absolute meerderheid.
2001	Voltooiing van de TGV naar de Middellandse Zee. Marseille is nu drie uur treinen van Parijs.
2003	Door een staking van het technisch personeel gaan de festivals van Avignon en Aix niet door, met als gevolg gezichtsverlies en financiële schade voor hoteleigenaars, kunstenaars en theaters. Na jaren van bloei lopen de toeristenaantallen duidelijk terug.

Goed om te weten

Gezellig samenzijn in de vrije natuur

Beleefdheid
Een paar beleefdheidsfrasen maken het alledaagse leven een stuk eenvoudiger: een *s'il-vous-plaît* of *excusez-moi* verhogen de bereidwilligheid van de Fransen enorm. (Voor-)dringen, of het nu bij de receptie of bij de bakker is, wordt hier beslist niet op prijs gesteld. Men neemt nog de tijd voor een grapje of een praatje. En een bedankje voor inlichtingen of geboden service is ook heel normaal: *merci!*

Bosbrandgevaar
Vanwege de gortdroge zomers breken hier jaarlijks bosbranden uit. In bossen geldt een absoluut verbod op het maken van vuur, waartoe ook roken wordt gerekend. Veel wandel- en landbouwpaden zijn in de zomermaanden afgesloten.

File
Wie de zomerse files op de Routes Nationales en Routes Départementales wil mijden, kan het beste tijdens lunchtijd de weg opgaan. Omdat toute la France dan *à table* zit (en u – helaas – achter het stuur), heeft u van twaalf tot circa half drie de regionale wegen voor u alleen. Hetzelfde geldt voor de autosnelwegen, waar het echter op de parkeerplaatsen dan een drukte van belang is – met lange rijen in de wegrestaurants.

Hoogseizoen
Een reis naar de Provence kunt u beter niet rond 14 juli en 15 augustus plannen, wanneer de stromen *juilletistes* en *aoûtiens* (Fransen die in juli en augustus met vakantie gaan) hun hoogtepunt bereiken. Wie met het vliegtuig of de trein komt, kan ook beter niet aan het begin van een schoolvakantie reizen. Een staking van de Franse spoorwegmaatschappij SNCF en Air France op de laatste schooldag voor paas- of kerstvakantie heeft al regelmatig tot een chaos op station of luchthaven geleid.

Kleding
Een bikini en een zwembroek horen bij het zwembad, niet in de lobby van een hotel of op het terras. Van een korte broek schrikt niemand, maar in kerken of musea worden ze als ongepast beschouwd. In goede restaurants verwacht men dat u in *tenue correcte* verschijnt, dus met een lange broek. In het casino en bij officiële gelegenheden of festiviteiten is een das verplicht. Ook discotheken schrijven *tenue correcte* voor – mensen in spijkerbroek en gympies komen doorgaans niet langs de portier. Als u bij mensen thuis op bezoek gaat, bepaalt de gelegenheid welke kleding gepast is – maar nette kleding streelt de ijdelheid van menig gastheer en -vrouw.

Kleingeld

Het is handig om altijd een paar muntjes beschikbaar te hebben voor het betalen van tol op autosnelwegen. Wie op de *péage* de vaak maar een paar euro hoge tol in munten gereedhoudt, kan het geld in een plastic trechter gooien (voor een kwitantie kunt u op de knop *reçu* drukken), waarna de slagboom omhoog gaat. Dit spaart tijd en de rij is doorgaans korter dan bij de creditcard-automaten of de kantoortjes met kassier.

Klimaat en reisseizoen

Het klimaat in de Provence is mediterraan, met hitte van juni tot augustus, milde winters en een zachte lente en herfst. Jaarlijks worden wel 300 dagen met zon geteld! De mistral, de ijzige noordenwind die de hemel strakblauw blaast, zorgt zo'n 120 dagen per jaar voor afkoeling. De meeste regen valt in november, maar rond de jaarwisseling is het meestal alweer zonnig.

Het beste reisseizoen is de lente: koude bergwinden bedreigen weliswaar zo nu en dan de perzik- en amandelbloesem, maar de eerste strakblauwe uren verdrijven het wintergevoel. Het hoogseizoen is echter de extreem warme zomer: dan is er nauwelijks nog een kamer vrij, om nog maar te zwijgen over de overvolle restaurants en musea. In de herfst zijn de bossen van de Gorges du Verdon en de Haute Vallée du Var prachtig gekleurd – een ideaal seizoen voor wandelingen. Alleen de mistral kan de pret bederven. Let op: in oktober kan het af en toe gieten, en dat geldt ook voor maart. In de winter waait er in de beschutte delen van de Basse-Provence (Vaucluse) nog altijd een briesje van zo'n 15 °C. Dan bloeit ook de mimosa. In de Haute-Provence (Var, Alpes-de-Haute-Provence) waaien daarentegen gure winden die voor stevige sneeuwval in de hogergelegen gebieden zorgen.

De beste olijven

Naast wijnranken vormen olijfbomen het meest zichtbare erfgoed van de Romeinen in de Provence. In de provincie staan circa 4 miljoen van dit soort bomen. De oogst vindt plaats tussen half november en januari; in die tijd leveren de zwarte en overrijpe olijven bijzonder veel olie op, die bovendien minder bitter is dan de olie van jonge vruchten. De vraag wat de beste soort is, levert geen eenduidig antwoord op. Sommigen zweren bij de 'Salonenques' uit Salon-de-Provence, anderen bij de roodachtige 'Grossanes' van de Alpilles. Maar ook de 'Berruguettes' uit de Rhônedelta, de vlezige 'Picholines' en de 'Olives de Nice' hebben een trouwe schare fans.

Kortingen en besparingen

Veel steden bieden een museumpas aan, die bij de plaatselijke toeristenbureaus te verkrijgen is. In Avignon en Villeneuve-lès-Avignon kunt u zo per museum of bezienswaardigheid zo'n 20–50 procent besparen!

Als u ergens een kopje koffie of iets anders gaat drinken, kunt u het beste aan de bar plaatsnemen. Een bestelling aan een tafeltje kost meer en zo mogelijk nog duurder is het op het terras. Op bepaalde werkdagen (veelal ma.) kunt u vaak goedkoper naar de bioscoop – bijna alle buitenlandse films worden in de originele versie vertoond. Zie voor besparingen op het gebied van accommodatie blz. 22.

Laagseizoen

Het laagseizoen loopt van half oktober tot maart. Een goede keuze, want de wintermaanden behoren met de lente tot het beste reisseizoen voor de Provence. De hemel is prachtig blauw, de prijzen van de hotels zijn aanzienlijk lager dan in het hoogseizoen en de dorpen zijn rustig, hoewel soms wat té rustig: veel restaurants, hotels en boetieks zijn tussen Allerheiligen en maart gesloten (behalve rond kerst, de jaarwisseling en de Franse februarivakantie). Het is dus aan te bevelen om naar openingstijden te informeren. In de geopende hotels vervullen apparaten met de naam *radiateur* de functie van kachel. De tweede dunne deken uit de kast prikkelt de heimwee naar het vertrouwde dekbed.

La Sieste

Faire la sieste – een uitvoerige middagpauze houden, is een van de gewoonten van de Midi. Dat betekent dat tussen 13 en 16 uur menige hotelreceptie verlaten is, dat de rolluiken van veel kleine winkeltjes naar beneden zijn gedraaid en dat het leven een paar warme uren wat trager verloopt.

Lavendel of Lavendin

Op minder dan vijf procent van het landbouwoppervlak wordt echte lavendel (*Lavendula angustifolia* of *vera*) verbouwd. Bij het gros gaat het om lavendin (*Lavendula latifolia*), een hybride met een aanzienlijk hoger kamfergehalte. Voor de vervaardiging van parfum en geneesmiddelen wordt alleen de aangenamer geurende, echte lavendel aangewend. Lavendin wordt daarentegen als geurstof bij schoonmaakmiddelen gebruikt. Beide essences worden gewonnen door distillatie van de bloesem in traditionele koperen ketels. Het toegevoegde hete water onttrekt bij het verdampen de etherische olie aan de bloesems. De essence uit wilde, echte lavendel ruikt niet alleen goed, maar helpt ook tegen astma, hoesten, migraine, een slecht humeur en droefgeestigheid. Van eind juni tot augustus wordt slechts 30 t echte lavendel geoogst – in souvenirwinkels gaat daarentegen zo'n 870 t lavendin over de toonbank.

Pastis

Pastis is Provencaals en betekent 'mengsel'. Ingrediënten zijn groene anijs, drop, venkel, muskaat, vanille, kaneel, suiker en alcohol van 45 procent. Zo luidt het recept waarmee Paul Ricard in de jaren dertig van de vorige eeuw vanuit Marseille de bars van de Provence veroverde. Naast deze reus produceert een hele batterij destilleerderijtjes een volgens eigen recept vervaardigde pastis – proeven en vergelijken loont de moeite. Ter oriëntatie: een *momie* (mummie) is een klein glaasje pastis, een *perroquet* (papegaai) een mix van pastis en muntsiroop, een *tomate* een mix van pastis en granaatappelsiroop en een *mauresque* (morisk) een mix van pastis en amandelmelksiroop.

Prijsniveau en budget

De Provence is niet een van de goedkoopste bestemmingen: het prijsniveau is vergelijkbaar met dat in Nederland en België. In hotels en chambres d'hôtes zijn de prijzen sterk afhankelijk van het seizoen. De tendens is een steeds duidelijker onderscheid tussen laag-, tussen- en hoogseizoen. Het goede bericht: u heeft de keus, want het aanbod aan verblijven en restaurants is erorm. Tijdige reservering bij een goedkoop adres drukt de kosten!

De mooiste markten van de Provence

Op vrijwel iedere markt in de Provence zijn eersteklas delicatessen te koop; daarvoor zorgen zowel het klimaat als de plaatselijke fijnproevers. De beste banon-kaas en alle heerlijkheden van de Haute-Provence vindt u op de weekmarkt van **Forcalquier** (ma.). Het aanbod op de platanenpromenade van **Carpentras** (vr.) is onoverzichtelijk en de in de wintermaanden gehouden truffelmarkt (ook op vr.) doet samenzweerderig aan. Apropos: de nummer één onder de truffelmarkten is die in het kleine **Richerenches** (za., nov.-feb.). De weekmarkt in **Bonnieux** (vr.) is bijzonder sfeervol – een kusje links, een kusje rechts, men kent elkaar. De *marché agricole* in **Velleron** heeft naam gemaakt met zijn dagverse fruit en groenten van de boeren uit de regio Sorgue – niet in de laatste plaats omdat de markt pas 's avonds begint (half apr.-sept. dag. vanaf 18 uur, anders op di., vr., za.).
Bij **antiek** denkt toute la Provence allereerst aan de vlooienmarkt in **L'Isle-sur-la-Sorgue** (zo.) – het aanbod op de vlooienmarkt van **Carpentras** (zo.) is daarentegen goedkoper en dat in **Avignon** (Place des Carmes, zo.) klein en verfijnd. Oude boeken en gravures zijn te vinden in **Toulon** (Place Victor Hugo, eerste za. van de maand).
De mooiste markt is de zaterdagmarkt van **Arles**: een lang lint van gestreepte markiezen, waaronder paellapannen uit Spanje, potten uit Le Creuset, manden, zomerjurkjes, kaas, worst en noga worden verkocht.

Sneeuw en ijzel

Vanaf januari kan het met name in de Haute-Provence stevig sneeuwen. Dan gaat geen enkele Provençaal de deur uit. Hoe anders is dat bij ijzel, die de straten spekglad kan maken. Dan geeft de Provençaal evengoed gas – maar laat hem maar rustig voorbijschuiven.

Souvenirs

Lavendelkussens, essences, de in de Provençaalse keuken onbekende 'herbes de Provence' en de in Taiwan gemaakte santons (kerststalfiguren) zijn het geld vaak niet waard. Let op kwaliteit, die bij klassiekers als glazen uit Biot, aardewerk uit Vallauris en parfum uit Grasse gegarandeerd is. Eenvoudig te vervoeren lekkernijen als olijfolie, specerijen of honing zijn op elke markt te vinden. Museumshops en speciaalzaken bieden naast kopieën van kapitelen en wandtapijten ook prima kunstboeken aan.

Taal

U mag er in hotels en restaurants niet van uitgaan dat het personeel wel wat Engels of Duits zal spreken. Met een paar woordjes Frans zult u minder moeite hebben met bijvoorbeeld menukaarten en verkeersborden. Op luide toon in uw eigen taal uw zin proberen af te dwingen is onbetamelijk en leidt tot niets – behalve dat u dan vast nog wel wat langer zult moeten wachten.

Uitnodigingen

Tafelen is in Frankrijk heilig, dus wordt het als ongepast beschouwd om tussen 12 en 14.30 of vanaf 19 uur onaangekondigd bij iemand langs te gaan. Als iemand u uitnodigt voor de borrel (zo'n half uur voor het eten), dan drinkt u gezamenlijk wat, maar u wordt wel geacht op een fatsoenlijke tijd weer te vertrekken – de gastheer of -vrouw moet immers nog aan tafel.

Feest en evenement

Feestdagen

1 januari – *Nouvel An* (nieuwjaar)
Paasmaandag – *Lundi de Pâques*
1 mei – Dag van de arbeid
8 mei – *Armistice 1945* (einde van de Tweede Wereldoorlog)
Hemelvaartsdag – *Ascension*
Pinkstermaandag – *Pentecôte*
14 juli – nationale feestdag
15 augustus – *Assomption* (Maria Hemelvaart)
1 november – *Toussaint* (Allerheiligen)
11 november – *Armistice 1914* (einde van de Eerste Wereldoorlog)
25 december – *Noël* (Kerstmis)

Feest en evenement

Januari

Fête des Tripettes in Barjols: het dorp herdenkt in het tweede weekend van de maand een historische hongersnood die door de wonderbaarlijke verschijning van een rund werd beëindigd. Tijdens het feest worden daarom ingewanden gegeten.

Maart en april

Féria de Pâques in Arles (Pasen): begin van het stierenvechtersseizoen in de arena's. In de bodega's (tenten) van de stierenvechtersclubs gaat het tot in de kleine uurtjes door – de stad is vergeven van de *aficinados.* Ook zonder bezoek aan een arena een belevenis.

Mei en juni

Fête des Gardians in Arles (1 mei): feest van de broederschap van de *gardians* van de Heilige Joris uit 1512. Het feest begint op het Place du Forum, voor het monument van Frédéric Mistral. Daarna volgt een mis op het plein voor de Notre-Dame-de-la-Major. En dat alles te paard, zoals het de cowboys van de Camargue betaamt. Om de drie jaar wordt een koningin van Arles gekozen. Een van de mooiste folklorefeesten in de Provence.

Grote zigeunerbedevaart in Les Stes-Maries-de-la-Mer (24–25 mei): na het ochtendgebed wordt een bootje met twee Maria-afbeeldingen naar het strand gedragen, waarna een bisschop vanaf een vissersboot de zegen uitspreekt. Vervolgens voert de processie terug naar de kerk met muziek, vreugdegezangen en klokgelui – maar ook met een enorme mensenmassa en tasjesdieven.

Festival de Jazz du Pays d'Apt (23 mei-1 juni): gratis jazz vanaf 18 uur in Gargas, Bonnieux, Goult, Roussillon, St-Saturnin-les-Apt, Rustrel, Saignon en Cavaillon. Info: www.jazzlub.free.fr

Fête de la Transhumance in St-Rémy-de-Provence (Pinkstermaandag): schapendrijven in de Alpilles, met twee ererondjes door de stad (10.30–12.30 uur). Een bruisend volksfeest voor het hele gezin.
Fête de la St-Jean in Allauch (23 juni): nachtelijk vuur ter ere van de zomerzonnewende, met een optreden van het Garamaudo-monster – leuk voor de kinderen.
Nuit du Petit St-Jean in Valréas (23 juni): 400 amateurtoneelspelers, fakkeldragers en hellebaardiers volgen een drie- tot vijfjarig kind dat in een schapenvacht is gehuld. Doel is het Château, waar de kleine Jean weer voor een jaar op de troon wordt gezet. Sinds 1504! Fascinerend voor groot en klein.
Fête du Drac in Mondragon (24 juni): eens per jaar kruipt de draak uit de Rhône door de plaats; feest met praalwagens, valkeniers en goochelaars.
Fête de la Tarasque in Tarascon (27–30 juni): gekostumeerde optocht en middeleeuws banket. Aan het eind van het feest trekt het monster Tarasque (in papier-maché uitvoering) door de steegjes, begeleid door de lokale held Tartarin.

Juli en augustus

Festival d'Avignon (4–26 juli): belangrijkste theater- en dansfestival. Informatie over de voorstellingen kunt u krijgen op tel. 04 90 14 14 14 of via www.festival-avignon.com. Tegelijkertijd vindt het **Festival Off** plaats (tel. 04 48 05 01 19, www.avignon-off.org). Samen vormen ze Frankrijks belangrijktse zomertheatermarathon.
Festival international d'Art Lyrique et de Musique in Aix-en-Provence (4–25 juli): eersteklas opera- en concertfestival met openluchtuitvoeringen op de binnenplaats van het bisschopspaleis. Inlichtingen op tel. 04 42 17 34 34 (toeristenbureau) of via www.festival-aix.com
Rencontres Internationales de la Photographie (RIP) in Arles (4–13 juli): in 1970 opgericht fotofestival met overal in de stad tentoonstellingen (veelal tot sept.), evenementen en fora. Een mooie gelegenheid om tegelijkertijd Arles te leren kennen. Inlichtingen bij het kantoor van de RIP op tel. 04 90 96 76 06 of via de website www.rencontres-arles.com
Le Pegoulado in Arles (4 juli): het beste folkloristische klederdrachtfestijn van de Provence. Hoogtepunt is de avondoptocht met honderden mooi uitgedoste Arlésiennes – te herkennen aan de traditionele kanten mutsjes.
Fête St-Eloi in Tende (8–9 juli): feest ter ere van de beschermheilige van de muilezeldrijvers – vooral voor kinderen een belevenis.
Festival de Vaison-la-Romaine (11–30 juli): dans- en theaterfestival in het oude theater van Vaison-la-Romaine. Niet van dezelfde orde als de festivals van Avignon en Orange, maar het programma en de locatie zijn origineel. Inlichtingen op tel. 04 90 28 84 49 of via www. vaison-festival.com
Les Chorégies in Orange (12 juli-5 aug.): in 1869 gesticht opera- en concertfestival, in het oude theater. Informatie op tel. 04 90 34 24 24 of via www.choregies.asso.fr
Les Riches Heures Musicales de la Rotonde in Simiane-la-Rotonde (eind juli-half aug.): klassieke concerten en liederen in de rotonde, een ronde middeleeuwse wachttoren. Klein evenement voor ingewijden. Inlichtingen en reservering: tel. 04 92 75 90 14, www.francefestivals.com/simiane
La Véraison in Châteauneuf-du-Pape (1–3 aug.): met een middeleeuws

banket (vr. avond), een markt (za.) en een optocht (zo.) wordt het begin van de druivenoogst gevierd.

Les Choralies in Vaison-la-Romaine (begin aug.): een van de belangrijkste korenfestivals van Europa – helaas maar eens in de drie jaar. Het volgende festival is in 2007.

Concours mulassier in Seyne-les-Alpes (tweede za. van aug.): uitverkiezing van de mooiste muilezel van de Alpes-de-Haute-Provence. Een typisch feest uit de *France profonde*.

Lavandes en Fête in Sault (15 aug.): lavendelfeest op de paardenrenbaan, waar in het midden een geurend veld lavendel is aangelegd. Met wedstrijd lavendelsnijden.

September en oktober

Ban des Vendanges in Avignon (6 sept.): feest ter gelegenheid van het begin van de druivenoogst, met alle wijnbouwbroederschappen van de Côtes du Rhône. Bij meer dan 100 wijnboeren kunt u wijn proeven. Santé!

Prémices du Riz in Arles (half sept.): feest ter gelegenheid van de rijstoogst met een gekostumeerde optocht en *féria* in de arena's. Inlichtingen: Bureau des Arènes, tel. 04 90 49 36 74.

Pélérinage d'octobre in Les Stes-Maries-de-la-Mer (19–20 okt.): de kleinere van de beide Mariaprocessies, ook met bereden *gardians*, zigeuners en pelgrims, maar veel minder toeschouwers dan in mei.

Fête de la Châtaigne in Collobrières (in de laatste drie weekends van oktober): feest voor het begin van de kastanjeoogst. Eetbare kastanjes in alle mogelijke variaties.

November en december

Salon des Vins AOC de la Vallée des Baux in Les Baux-de-Provence (9–10 nov.): wijnbouwfeest in het kasteel met degustaties en veilingen. Een feestje voor als u toch in de buurt bent. Informatie: tel. 04 90 54 34 39.

Fête des bergers in Istres (30 nov.-1 dec.): schaapherdersfeest met kuddedrijven, folkloregroepen, Provençaalse beurs, kunstnijverheid.

Salon International des Santonniers in Arles (nov.-jan.): wie nog op zoek is naar kerstcadeautjes bezoekt in het St-Trophimeklooster de beurs van de santon-makers, de grootste in zijn soort.

Salon des Santonniers in Carpentras (nov.-dec.): in de weken voor kerst stallen de houtsnijders uit de regio hier hun Provençaalse kerststalfiguren uit.

Fête de l'Huile Nouvelle in Mouriès (8–9 dec.): proeven van de nieuwe olie uit alle zeven molens van de AOC Vallée des Baux. Optocht van het broederschap der olijfboeren. Het motto: *l'huile nouvelle est arrivée!* Informatie: www.lesbauxdeprovence.com

Uitgaan

Ook bij het uitgaan is een grote rol weggelegd voor de Franse restaurantcultuur. Zo ontmoet men elkaar hier niet in de kroeg, maar in het restaurant – in de zomermaanden doorgaans laat, om tot ver na middernacht te blijven zitten. Later verkast men naar het terras van een café of naar een discotheek. Een kroegenscene – vergelijkbaar met Nederlandse en Belgische steden – kent vooral Avignon, waar de hele nacht door de ene populaire bar voor de andere wordt verwisseld. Ook in Aix kunnen liefhebbers van kroegentochten een handvol bars vinden die tot in de nachtelijke uurtjes hun deuren geopend houden (zie blz. 42).

De Provence met kinderen

In principe worden kinderen nergens in Frankrijk als storend beschouwd, noch in restaurants noch in hotels. Uitzonderingen zijn de zogenaamde *grands restaurants*, de culinaire tempels, die hun gasten graag ingetogen van hun Michelinsterren willen laten genieten – het meenemen van uw kinderen is zowel voor de kinderen zelf als voor de andere gasten een onaangename ervaring. In Franse restaurants zijn bovendien zelden speelgoed of kleurpotloden beschikbaar – hetgeen terug te voeren is op een heel andere opvatting over gezinsleven en opvoeding. Kinderen zitten aan tafel en krijgen een (goedkoop) kindermenu *(menu enfant)* naar keuze. Bij bezienswaardigheden krijgen kinderen doorgaans korting.

Vakantie met kinderen

Wie met kinderen naar de Provence reist, kan uit een groot aantal overnachtingsmogelijkheden kiezen – van een vakantiehuis tot een camping à la ferme (zie blz. 23). In hotels wordt op verzoek een extra bed op uw kamer neergezet.

De reisorganisator **Vamos Eltern-Kind-Reisen** (Eichstr. 57 A, 30161 Hannover, tel. 0049 051 14 00 79 90, www. vamos-reisen.de) heeft de Drôme provençale in zijn programma. **Hotel Plantevin** is hier het best ingesteld op gezinnen met kinderen; het hotel met zwembad bevindt zich op een mooi plekje te midden van abrikozenbomen (twee volwassenen en twee kinderen vanaf € 179 per dag). Een echte belevenis is een wandeling met een ezel door het dal van de Drôme (1 week, volwassenen vanaf € 619, kinderen vanaf € 433, incl. volpension, overnachtingen, ezel en transfer).

Uitstapjes

Verscheidene **maneges** bieden een dag aan bij de *gardians*, de cowboys van de Camargue, waaronder Mas de Peint in Le Sambuc (zie Extra-route 4, blz. 115). Een 'journée camarguaise' bestaat uit optredens van de *gardians*, waaronder ook de 'ferrade', het brandmerken van de jonge stieren met een symbool van de boerderij.

Het is warm en de zee is een heel eind van de Lubéron… dan zorgt het **Etang de la Bonde** (D 27, richting St-Martin-de-la-Brasque) bij Cucuron (zie blz. 69) voor afkoeling. Terwijl de kleintjes plezier maken in het meer wordt op de oever de picknickmand uitgepakt.

Tijdens het **Fête de la Transhumance** (kuddedrijven in de Alpilles) in St-Rémy-de-Provence (zie blz. 94) worden op Pinkstermaandag een paar duizend schapen over de boulevard gedreven – en bovendien wordt een kleurrijk volksfeest gevierd.

Het kleuren- en lichtspel **La Cathédrale d'Images** (zie blz. 58) in de voormalige onderaardse steengroeven bij Les Baux-de-Provence biedt elk jaar een nieuw (en kleurrijk) thema.

Ook een dierentuin ontbreekt niet, want ten oosten van Salon-de-Provence vindt u het **Parc Zoologique de la Barben** (zie blz. 97). Voor kinderen is er een grote speelplaats. Zo'n 6 km verder kunnen in de **Village des Automates** (zie blz. 97) in St-Cannat sprookjesfiguren met een druk op de knop tot leven worden gewekt.

En iets **zoets**? Maître Nougatier André Boyer in Sault verkoopt de beste noga van de Provence – gemaakt van lavendelhoning, gebrande amandelen en Bourbon-vanille. De lekkernij is zacht en dus 'vulling-vriendelijk' (zie blz. 65).

Overnachten

Luxe verblijf in een prachtig vakantiehuis

Aanbod en prijzen

Het aanbod loopt uiteen van een luxueus belle-époque-paleis tot een camping met alleen koud water. Voor beide geldt dat de Provence relatief duur is. Een vuistregel is dat de prijzen buiten het hoogseizoen met ongeveer eenderde dalen en 's winters soms zelfs tot de helft worden teruggebracht.

Voor eenvoudige accommodatie (chambres d'hôtes, pensions, een- en tweesterrenhotels) betaalt u gemiddeld € 35–55 voor een tweepersoonskamer, in middenklassehotels € 55–100, in vier- en vijfsterrenhotels vanaf € 100. In de regel is dit een prijs per kamer: wie alleen reist betaalt net zo veel als een stel. Bij de meeste hotels is een restaurant aangesloten, zodat u ook kunt kiezen voor half- of volpension. Let op: in het hoogseizoen moet u vaak minimaal halfpension boeken! Ontbijt *(petit déjeuner)* is veelal niet bij de prijs inbegrepen.

Regionaal zijn er grote verschillen. Zo zijn toeristische streken en steden als de Lubéron of Aix veel duurder dan minder populaire gebieden als de Pays de Forcalquier of de Haute Vallée du Var. De prijzen in het hoofdstuk 'Plaatsbeschrijvingen' zijn, tenzij anders is aangegeven, voor een overnachting van twee personen in een tweepersoonskamer (2 pk), exclusief ontbijt.

Bestemmingen

In de Provence vindt eenieder zijn vakantieparadijs. Wie graag **stedenreizen** maakt, komt in Avignon, Aix en Arles aan zijn trekken. De grote steden van de Provence combineren een bruisende atmosfeer met een rijk cultureel leven, een groot aanbod van bars en restaurants met boulevards en luxe boetieks met exotische kruidenierswinkeltjes. Ook in de winter, wanneer in de kleinere plaatsen veel hotels, winkels en restaurants gesloten zijn, kunt u hier goed terecht. Het belangrijkste adres voor de wereld van luxe en mode is Aix: nergens anders in de Provence vindt u zo veel topboetieks en filmpremières. Voor een rijk cultureel programma kunt u terecht in Avignon, en Arles is beroemd vanwege zijn bouwwerken uit de Oudheid en de meerdere keren per jaar uitbrekende stierenvechterskoorts. In de vele **kleine stadjes** gaat het er daarentegen een stuk rustiger aan toe: behalve in de periode half juli-half augustus zijn Carpentras, Forcalquier, Manosque, ja zelfs Orange een oase van rust. Resteert nog het **platteland**. In de steegjes van de dorpen in de Lubéron is een zweempje Parijs en mondaine wereld te bespeuren en onder de platanen van de Provence Verte, tussen de Côte d'Azur en de Gorges du Verdon, gaat alles een tempo lager. Mountainbikers, klimmers, kanovaarders en wandelaars bepalen het beeld in de Gorges du Verdon, maar in de Haute-Provence komt u weer schaapherders en geitenhoeders tegen.

Hotels en pensions

Logis de France: aan de geelgroene afbeelding van een schoorsteen herkent u de traditionele hotels – familiebedrijven met degelijke prijzen – van deze vereniging. Een catalogus is verkrijgbaar bij reisboekhandels of via Logis de France, 83, Avenue d'Italie, 75013 Paris, tel. 01 45 84 70 00, fax 01 45 83 59 66, www.logis-de-france.fr

Relais du Silence: huizen in het bestand van deze vereniging garanderen hemelse rust en voortreffelijk eten. Catalogus bij Relais du Silence, 2, Passage du Guesclin, 75015 Paris, tel. 01 45 66 77 77, fax 01 40 65 90 09, www.silencehotel.com

Kasteelhotels en landhuizen: het aanbod loopt uiteen van éénster- tot luxehotels. Catalogi via de toeristenbureaus: Bienvenue au Château (Relais & Châteaux, www. relaischateaux.com); Château et Hôtels de France (www. chateauxethotels.com).

Chambre d'hôtes

Chambre d'hôtes is de Franse variant van bed & breakfast. In het mooiste geval wordt ook **table d'hôtes** aangeboden – de mogelijkheid om samen met de eigenaars en andere gasten de maaltijd te gebruiken. Bij veel chambres / tables d'hôtes kunt u niet met creditcard betalen! Veel **ferme-auberges** (zie blz. 25) bieden kamers en vakantiewoningen *(gîtes)* aan.

Vakantiehuizen

Veel vooraanstaande aanbieders van vakantiehuizen hebben de Provence in hun programma. De huizen van de overheidsorganisatie **Gîtes de France** zijn doorgaans vrij sober. De eigenaars zijn in de regel mensen uit de omgeving. Afhankelijk van ligging en inrichting worden de vakantiehuizen van één tot vier korenaren voorzien. Het logo – een rode haan in een open raam en daaronder de contouren van Frankrijk in het geel, met als achtergrond een groene cirkel – dient als wegwijzer. De catalogus is verkrijgbaar bij Gîtes de France, 35, Rue Godot de Mauroy, 75009 Paris, tel. 01 49 70 75 75, www.gîtes-de-france.fr

Een alternatief is **Clévances** (www. clevacances.com). Deze semi-overheidsorganisatie treedt op als bemiddelaar van 1800 Chambres d'hôtes en 20.000 *locations* (woningen / huizen) in heel Frankrijk – die afhankelijk van het comfort van één tot vijf sleutels zijn voorzien. Alle departementen in het zuiden zijn lid van de organisatie.

Jeugdherbergen

Goedkoper dan in een Auberge de Jeunesse kunt u niet overnachten (onder andere in Marseille, Arles, Aix, Manosque). U dient te beschikken over een een kaart van de internationale jeugdherbergcentrale. Een overzicht van de Franse jeugdherbergen kunt u krijgen bij de **FUAJ** (Fédération Unie des Auberges de Jeunesse), 27, Rue Pajol, 75018 Paris, tel. 01 44 89 87 27, fax 01 44 89 87 10, www.fuaj.org

Camping

Van een luxueuze camping met zwembad en tennisbaan tot een camping *à la ferme* (tenten op de boerderij) met tuinslangdouche: er is hier voor elk wat wils. Voor het hoogseizoen dient u zeer tijdig te reserveren. Informatie bij de lokale toeristenbureaus (zie blz. 34).

Eten en drinken

Geitenkaas in kastanjeblad (links): onmiskenbaar banon

Traditie is troef

Eerder dan in andere regio's van Frankrijk heeft men in de Provence teruggegrepen op een traditionele bereidingswijze, met name bij de olijfolie. Die betrokkenheid heeft zich uitbetaald: de olijfolie heeft de boter uit de pannen van de haute cuisine verdrongen, en niet alleen in het zuiden. Steeds meer sterren stralen boven de Provence, zodat allang van een overwinning van de zuidelijke op de noordelijke keuken mag worden gesproken. Zelfbewust en met oog voor de media doen de chefs de cuisine in de Provence, met als boegbeeld de zessterrenkok Alain Ducasse, hun werk in een van de vele oude dorpsetablissementen, maar steeds vaker ook in trendy bistro's.

Cuisine du terroir is het parool, waarmee een keuken wordt bedoeld die gebruik maakt van regionale aroma's, smaken en ingrediënten. Een keuken die naar tijm, rozemarijn en bonenkruid ruikt en naar knoflook en zongerijpte groenten smaakt. Een keuken die als lamsvlees alleen *agneau de Sisteron,* en als meloen alleen de honingzoete vruchten uit Cavaillon gebruikt. De *cuisine du terroir* is een modeverschijnsel, die oude bekenden als courgettebloesem of truffels plotseling tot een keukenwijsheid van het moment maakt. Maar het is een mode met degelijke tradities. Ook de **cuisine du marché** dweept met traditie en dagverse producten: bereid wordt wat op de markt beschikbaar is – die keuze is meestal uitgebreid en afwisselend.

Prijsniveau

Naast het café, de bistro of de kleine bar, waar u goedkoop terecht kunt, lokken gerenommeerde restaurants. Voor een bezoek aan een van deze culinaire tempels moet u minstens € 50 per persoon incalculeren. Goedkoop is de Provence op culinair gebied niet, maar de prijs-kwaliteitverhouding is doorgaans uitstekend. Voor een menu in een gemiddeld restaurant betaalt u minimaal € 15.

Waar eet u wat?

In **cafés** en **bars** kunt u in het algemeen niet veel meer eten dan een sandwich of – kenmerkender – een *pan bagnat* (royaal belegd wit broodje). Wie koffie met gebak zoekt, kan terecht in een **salon de thé**. Voor de lunch serveren veel cafés ook wel een eenvoudige maaltijd *(plat du jour)*. 's Avonds wordt er in de bars daarentegen niet gekookt: nadat de van hun werk terugkerende bewoners er hun aperitief hebben genuttigd, gaan veel zaken om ongeveer 20 uur dicht.

In de **restaurants** worden rond 19.30

uur de eerste bestellingen opgenomen. U kunt een menu kiezen of à la carte (duurder) bestellen. De keuken sluit rond 22 uur; de specialiteiten zijn de hele dag al voorbereid. Alleen in de zomer wordt in toeristische plaatsen tot laat in de avond gedineerd. Als u buiten de gewone restauranttijden wat wilt eten is er nog de **brasserie**, die echter zelden tot na middernacht open blijft.
Een tip zijn de **table d'hôtes** (zie blz. 23) en **ferme-auberge**. De laatste is een boerderij waar u na reservering kunt eten. Wat op tafel komt, moet bereid zijn met ingrediënten van de boerderij of uit de onmiddellijke omgeving. Dat eist althans de Charta van het landbouwschap van het departement – let op het label.

Reservering en etiquette

In het hoogseizoen is reserveren een absolute noodzaak. Ook op zaterdagavond en zondagmiddag – in Frankrijk de klassieke tijdstippen om uiteten te gaan – kunt u het beste een tafel reserveren. Zondagavond en maandag zijn veel restaurants gesloten. Het is niet de gewoonte – ook niet als u gereserveerd hebt – om meteen te gaan zitten; de ober zal u naar uw tafel begeleiden, die u ook beleefd kunt weigeren en om een andere tafel kunt vragen. Nadat de ober de menukaarten heeft uitgereikt, zal hij vragen of u een aperitief wilt gebruiken *(Désirez-vous un apéritif?)*. De drankenkaart wordt altijd aan de man gegeven, die ook de bestelde wijn dient te proeven. Hebt u uw keuze gemaakt, dan geeft u de bediening, die u met '*Monsieur!*' of '*Madame!*' aanspreekt, een teken. Weliswaar worden de restaurantregels steeds soepeler, maar om 's avonds alleen een salade of een voorgerecht te bestellen, is beslist minder gepast: het is zelfs mogelijk dat u wordt verzocht een ander etablissement op te zoeken. Voor uiteten moet u hier de tijd nemen – het consuemeren van voorgerecht, hoofdgerecht, dessert en koffie neemt doorgaans minstens twee uur in beslag. De rekening wordt alleen op verzoek gebracht. De bediening is bij het totaalbedrag inbegrepen *(Service inclus)*, maar het is gebruikelijk om een fooi van 5–10 procent te geven, mits u tevreden bent over de geboden service.

Wijnen

Sinds een aantal jaren proberen ambitieuze wijnboeren met kwalitatief hoogwaardige wijnen het imago van de *petits vins de Provence* te verbeteren. De streek kent overigens vele AOC-gebieden (dat staat voor: Appellation d'origine contrôlée). De rosé domineert nog (60 procent), maar de rode wijnen (ca. 35 procent) – van fruitig-licht tot kruidig-stevig – winnen terrein.
De Côtes de Provence neemt met 80 procent van alle wijngaarden het leeuwendeel voor zijn rekening. Vooral op de Collines des Maures wordt een geraffineerde rosé geproduceerd. Ook de hellingen van de Montagne Ste-Victoire brengen uitstekende rode wijnen en rosés voort, terwijl de kalkrotsen van de Haute Vallée du Var voor een prima witte wijn zorgen.
Sinds 1985 mag een aantal Coteaux d'Aix en Coteaux des Baux-en-Provence het AOC-etiket dragen. Met de naburige regio Rhône-Alpes deelt de Provence het gebied van de Côtes du Rhône. Van noord naar zuid verandert het karakter van de wijnen van koel-elegant tot temperamentvol-robuust. De wijnen uit 17 dorpen in het zuidelijke Rhônedal vormen samen de Côtes-du-Rhône-Villages.

Culinaire woordenlijst

Voor-, bijgerechten en brood

aigo boulido knoflooksoep
aioli knoflookmayonaise, die geserveerd wordt met knapperige groenten om mee te dippen
anchoiade smeuïge pasta van ansjovisfilets en olijfolie, die met geroosterd brood wordt gegeten (bij het aperitief)
caviar d'Aubergines auberginekaviaar (bereid met tapenade)
escargots slakken
fougasse met sinaasappelbloesem, olijven, ansjovis of kaas gevuld brood
pan bagnat gevuld witbrood
picholine grote, groene olijf
pistou basilicumpasta (vergelijkbaar met de Italiaanse pesto)
rouille scherpe rode knoflooksaus, die bij visgerechten wordt geserveerd
socca plat brood van kikkererwtenmeel
soupe au pistou groentesoep met knoflook en basilicum
tapenade pasta van gepureerde olijven, ansjovis en olijfolie

Karakteristieke gerechten

bœuf en daube in reepjes gesneden rundvlees in rodewijnsaus
bouillabaisse vissoep met geroosterd brood, aioli (knoflookmayonaise) en minstens vier verschillende soorten vis
bourride bouillabaisse-variant
brandade de morue stokvis van kabeljauw, geserveerd met knoflook en met olijfolie bedruppelde aardappelen
brouillade aux truffes roerei met truffels
caillettes met snijbiet en spinazie aangemaakte gehaktballetjes
daube provençale runderstoofschotel met rodewijn-olijfoliesaus
grenouilles sautées à la provençale kikkerbilletjes met knoflookboter en peterselie
lapin à la provençale konijn met mosterd en wittewijnsaus
lou fassoum koolrollade (stevig gekruid lamsgehakt, in kool gewikkeld)
loup au fenouil gegrilde zeewolf met venkel
pieds-paquets met vlees en kruiden gevulde ingewanden en poten van een schaap
pissaladiera kleine pizza met zwarte olijven en ansjovis
ratatouille groentestoofschotel
ravioli gevulde deegkussentjes uit Nice
salade tiède de rougets lauwwarme salade van rode barbeelfilet
salade de chèvre chaud warme geitenkaassalade
salade de Mesclum gemengde salade met kropsla, leeuwentand en roquette
salade niçoise salade van groene paprika, tomaat, ansjovis, radijs, tonijn, gekookte eieren en groene sla
tomates à la provençale gegratineerde en met broodkruimels, knoflook en peterselie gevulde tomaten

Fruit, zoetwaren en kaas

banon geitenkaas uit de Haute-Provence, in een kastanjeblad gewikkeld
beignets de fleurs de courgettes beignets van courgettebloesem
brousse kwark van geitenkaas
cabécou kruidige, kleine geitenkaas

caillé verse, milde geitenkaas
calisson amandel-meloengebak uit Aix
figues rôties vijgen, die met een dessertwijn in de oven worden gebakken
fruits confits geconfijte vruchtjes
marrons glacés ingemaakte, geconfijte tamme kastanjes
melon de Cavaillon honingmeloen uit Cavaillon
nougat witte noga van lavendelhoning en geconfijte vruchtjes
nougat glacé nogaparfait
pastèque watermeloen
tarte au citron citroentaart

Vlees en worst

agneau lam, het beste komt uit Sisteron in de Haute-Provence
andouille worstje
caille kwartel
carré d'agneau ribstuk van de lamsrug
côte d'agneau lamskotelet
côte de bœuf runderribstuk
côte de porc varkenskotelet
gigot d'agneau lamsbout
sanglier wild zwijn
tripes ingewanden

Vis en schaaldieren

anchois ansjovisfilet
bar snoekbaars
cabillaud kabeljauw
carrelet schol
coquillages schaaldieren
crabe krab
(en) croûte de sel met een zoutkorstje, bereidingswijze bij vis
daurade grillée dorade, gegrild
filets de Sardines sardienfilet
fruits de Meer zeevruchten (schaaldieren)
gambas garnalen
homard kreeft
huîtres oesters
lotte de mer zeeduivel
moules mosselen
rascasse schorpioenvis
rouget rode barbeel
saumon zalm
sole zeetong

Groenten en kruiden

asperges sauvages wilde groene asperges (klein), vaak als salade
artichaut artisjok
basilic basilicum
câpres kappertjes
cèpes eekhoorntjesbrood
fenouil venkel
fleurs de courgettes farcies gevulde courgettebloesem
gousse d'ail knoflookteentje
haricots boontjes
herbes kruiden
petits farcis (ook **farcis niçois**) jonge groenten (aubergine, courgette, paprika), gevuld en in beignetvorm gebakken
pissenlit leeuwentand
pois chiches kikkererwten
potiron pompoen
thym tijm

Dranken

bière bier
… (à la) pression tapbier
eau minérale mineraalwater
… gazeuse … met koolzuur
… sans gaz … zonder koolzuur
eau potable drinkwater
jus d'orange sinaasappelsap
jus de pomme appelsap
vin blanc witte wijn
vin rosé rosé
vin rouge rode wijn

Sport

In de Provence kan uitstekend worden gefietst

Bergsport

Het spectaculairste klimgebied is de Gorges du Verdon, maar er zijn ook steile wanden in de Alpilles, de Lubéron, de dalen van de Durance en de Var en de Alpes-de-Haute-Provence. Een overzicht van klimgebieden, -scholen en -aanbieders kunt u krijgen bij het Comité Départemental de la Montagne et de l'Escalade (3, Bd. du Temps Perdu, 04100 Manosque, tel. 04 92 72 39 40). Kantoren van de Fédération Française de la Montagne et de l'Escalade zijn te vinden op www.ffme.fr, verder kunt u zich voor inlichtingen wenden tot de Club Alpin Français, 14, Av. Mirabeau, 06000 Nice, tel. 04 93 62 59 99. Een compleet overzicht van de locaties van de Club Alpin-kantoren (waaronder Marseille) vindt u op www.clubalpin.com. De Club biedt ook informatie over wandelingen en mountainbiketochten.

Deltavliegen en parapente

Overal in de Provence vindt u uitstekende plekken waar u deze vliegsporten kunt bedrijven. De interessantste startplekken bevinden zich in de Alpes Maritimes en de Haute-Provence. Bij de Ligue de Vol Libre de Provence (11, Rue du 4 septembre, 83000 Draguignan, tel. 04 94 68 98 76, www.ligue-paca.ffvl.org) kunt u inlichtingen krijgen over evenementen, scholen en basiskampen.

Fietsen

Rond Vaison-la-Romaine (18–37 km), Valréas (37 km) en Bollène zijn mooie en eenvoudige dagtochten uitgestippeld. Mountainbikers (Frans: VTT) komen naar de Alpes-de-Haute-Provence (paden met borden met groene driehoek en twee gele punten). Inlichtingen: Association Départementale des Relais et Itinéraires (ADRI 04), 19, Rue du Docteur Honnorat, 04000 Digne, tel. 04 92 31 07 01. Geoefende wielrenners kunnen vanuit Bédoin (Office de Tourisme, tel. 04 90 65 63 95) de Mont Ventoux beklimmen, die vaak een scherprechter in de Tour de France is. Voor minder getrainde fietsers is het langeafstandsfietspad door de Lubéron ideaal (inlichtingen: Maison du Parc Régional du Lubéron, Apt, tel. 04 90 04 42 00, www.parcduluberon.org. Een aantal touroperators biedt fietsvakanties in de Provence aan:

SNP: Bijleveldsingel 26, 6521 AT Nijmegen, tel. 024 327 70 00, fax 024 327 70 99, www.snp.nl
Zowel individuele als georganiseerde fietsvakanties naar de Provence, onder meer naar de Lubéron, de Alpilles en de Haute Vaucluse.

Vrij Uit: tel. 0900 874 58 48, www.vrijuit.nl
Deze reisorganisatie heeft één fietsvakantie naar de Provence (Provençaalse

dromen) in haar programma. U maakt een tocht langs verschillende hotels, waarbij de dagafstand nooit meer dan 30 km bedraagt.
Verder kunt u via de website www.fietsvakantiewinkel.nl verscheidene fietsvakanties in de Provence boeken. Ten slotte heeft ook de ANWB zelf regelmatig dergelijke vakanties in zijn programma (kijk op www.anwb.nl voor het actuele aanbod).

Golf

De lijst met prachtig gelegen golfbanen in de Provence is ellenlang: Digne, Orange, Saumane, Les Baux en Aix zijn slechts een paar van de bijna 50 banen (zowel 9- als 18-holes) in dit gebied. Inlichtingen kunt u krijgen bij de CRT en de Fédération Française de Golf, 75116 Paris, 69, Av. Victor-Hugo, tel. 01 44 17 63 32, fax 01 44 17 63 63. Op www.ffg.org stellen 52 golfbanen in de Provence en langs de Côte d'Azur zich aan u voor.

Kanoën, kajakken en raften

Kanotochten over de Sorgue of het Lac de Ste-Croix zijn beslist niet zwaar. Voor moeilijkere wildwatertochten moet u in de Gorges du Verdon en in de nabijgelegen Ardèche zijn – waarbij u overigens het best de maanden juli en augustus kunt mijden. Het waterpeil is dan relatief laag, maar de belangstelling des te groter. Nadere informatie kunt u krijgen bij de Fédération Française de Canoë-Kayak, 87, Quai de la Marne, 94340 Joinville-le-Port, www.ffck.org

Hoogtepunten op sportief gebied

Féria de Pâques: met Pasen wordt het begin van het stierenvechtersseizoen van Arles gevierd. Alle rangen van de oude arena's zijn dan uitverkocht – net als begin juli bij de **Course de la Cocarde d'Or** en in de herfst tijdens het **Féria des Vendanges** (zie blz. 48).
Féria du Cheval: bij dit feest (half juli) in Les Stes-Maries-de-la-Mer draait alles om het paard en zijn ruiter. Op de klanken van de flamenco worden ruiterkunststukjes uitgehaald.
Circuit des 3 Cols: iedereen mag meedoen aan deze wielerkoers van Barcelonette. Op één dag worden drie passen bedwongen en 124 km door het voorgebergte van de Alpen afgelegd (aug.).
Tour de France: elk jaar doet de Tour de France met zijn lange reclamekaravaan de Provence aan (juli). Het parcours wisselt van jaar tot jaar – maar de Mont Ventoux werd al diverse keren aangedaan. Ga op tijd langs de kant van de weg staan!
Le Relais du Sel: deze wielerwedstrijd tussen Salin-de-Giraud en Arles (sept.) is een stuk minder bekend.
Grande Traversée des Mélèzes: tijdens de 42 km lange bergwandeling van Beauvezer naar Allos moet een hoogteverschil van 2378 m worden overbrugd (begin aug.).
Marathon des Gorges du Verdon: 42,195 km hardlopen met een prachtig uitzicht – bij deze marathon tussen Castellane en Moustiers-Ste-Marie is het traject het doel (begin okt.). Inlichtingen bij het Office de Tourisme de Castellane, tel. 04 92 83 61 14, www.castellane.com

Paardrijden als een Camargue-cowboy

Bij de cursussen van de Manade Saliérène wordt in de stijl van de 'Monte Camarguaise' gereden, de rijstijl van de *gardians*: de teugels worden losjes met de linkerhand vastgehouden, de benen zijn gestrekt en tot aan de knie stijf tegen het paard aan gedrukt. Veranderingen van richting worden aangegeven door gewichtsverplaatsing en het aantrekken van de teugels. Er zijn cursussen voor beginners (één week, vanaf zo. 17 uur tot za. ochtend, met natuurhistorische uitstapjes, werk in de stallen, verzorging van de paarden; halfpension in twee- tot vierpersoonskamers, volwassenen € 458, kinderen vanaf 10 jaar € 412) en voor gevorderden (dressuuroefeningen, kennismaking met het alledaagse leven van de *gardians*; zelfde prijzen). De 'Stage Gardian' is alleen voor geoefende ruiters (veedrijven, isoleren, brandmerken etc.; € 382, met halfpension en overnachting € 534).
Manade Saliérène, Mas de Capellane, 13123 Saliers, tel. 04 66 87 45 57, fax 04 66 87 27 12, www.manadesalierene.com

Paardrijden

Voor liefhebbers van paardrijden is de Camargue het paradijs. Enkele stierenfokkerijen bieden paardrijvakanties à la Camargue-cowboys aan. Informatie bij de Association Camarguaise de Tourisme Equestre, tel. 04 90 97 86 32 (voor adressen van maneges zie ook Extra-route 4, blz. 115).

In de bergen rond de Gorges du Verdon hebben diverse boerderijen zich op paardrijvakanties toegelegd. Inlichtingen kunt u krijgen bij het Comité Départemental de Tourisme Equestre, Ferme du Petit St-Martin, 04000 Digne, tel. 04 92 31 27 50.
De in het noorden van de Provence gelegen Drôme is nog niet echt door de ruitersport ontdekt. De vereniging La Drôme à cheval (26330 Ratelières, Les Péleries, tel. 04 75 45 78 79, fax 04 75 45 65 98, www.drome-a-cheval.com) onderhoudt een bijna 2500 km lang net van ruiterpaden, met 50 verblijven voor paard en ruiter.

Vakanties op de boot

Het gebied bij uitstek is het amfibische landschap van de Camargue met zijn kanalen en meertjes die zich net achter de kuststrook bevinden. De specialist voor bootvakanties Locaboat Holidays (Bloklaan 22a, 1231 AZ Loosdrecht, tel. 0294 23 77 42, fax 0294 23 70 81, www.locaboat.nl) heeft de Camargue in het programma.

Wandelen

In de Provence ligt een uitgebreid netwerk van langeafstandswandelpaden (Sentier de Grande Randonnée, GR, rood-wit gemarkeerd). Wie niet van meerdaagse wandeltochten houdt, kan met behulp van een wandelgids uit de serie 'Topo-Guide' (bij Franse boekwinkels) geschikte stukken van die paden uitzoeken. Tot de klassiekers behoort de **GR 98**, die van de rotsige Calanques ten oosten van Marseille naar het Massif de la Ste-Baume voert. De **GR 9** volgt de kam van de Montagne Ste-Victoire, de **GR 97** gaat door de Lubéron. Van de **GR 4** is de eendaagse etappe door de Gorges du Verdon beroemd. In de Haute-Provence vindt u de wandelpaden naar hogere streken. Een wandeling van een halve dag vanuit het dorp St-Jurs aan de noordrand van het Plateau de Valensole komt al tot meer dan 1300 m hoogte. De **GR 6** over de Montagne de Lure komt in verlaten bergstreken tot meer dan 1800 m hoogte. Wie vanuit Digne de Montagne de Coupe te lijf wil, kan rekenen op steile beklimmingen, tot op de 2323 m hoge top van de Cheval Blanc. Zeker in de Haute-Provence geldt dat u voor vertrek de weersverwachtingen moet bekijken. Tot ver in mei en vanaf eind oktober kan het daar sneeuwen. Ook op de meer naar het westen gelegen Mont Ventoux (1909 m) kunt u tot ver in de lente met ijs en sneeuw worden geconfronteerd. De **GR 9** doorkruist de Provence van noord naar zuid. De wandelkaarten en accommodatie van alle GR's staan op internet: www.gr-infos.com. De beste wandelmaanden zijn nov. / dec. en apr. / mei. De Dentelles de Montmirail (GR 4), het Plateau de Valensole en de Alpilles (GR 6) ontstijgen geen van alle het niveau van een middelgebergte. Behalve GR's zijn er ook regionale wandelpaden. Bij veel toeristenbureaus kunt u routebeschrijvingen van eendaagse wandelingen krijgen, bijvoorbeeld rond de dorpen in het Parc Régional du Lubéron (zie blz. 43).

Zwemmen

Stranden vindt u rond het Lac de Ste-Croix (stuwmeer). In Sisteron lonkt het Plan d'Eau des Marres, in Digne het Lac des Ferréols, bij Manosque het Plan d'Eau des Vannades en in Moustiers-Ste-Marie het Petit Lac.

Wellness in de Provence

De naam zegt het al: **Digne-les-Bains** (zie blz. 70) is een kuuroord. Hier biedt het etablissement **Thermal Eurothermes** (Rte. des Thermes, tel. 04 92 32 32 92, fax 04 92 32 38 15, www.eurothermes.com) in de Vallée des Eaux Chaudes moderne wellnessarrangementen aan. De warme bronnen (29–49 °C) worden al sinds de Oudheid voor therapeutische doeleinden gebruikt. Het moderne complex in een dal buiten de stad biedt naast kuren voor luchtwegen en reuma ook ontspannings- en anti-stress-programma's met balneotherapie (algen) aan.

Ook **Gréoux-les-Bains** (zie Extra-route 5, blz. 116) leeft van het kuurtoerisme. Net als in Digne beroepen de **Thermes Troglodytes Celtes et Romains** (Chaîne Thermale du Soleil, tel. 04 90 70 40 00, fax 04 92 74 27 38) zich op een traditie die teruggaat tot de Kelten en Romeinen. In de grotten wordt ontspanning met hoofdletters geschreven. Naast de klassieke kuren tegen reuma en longaandoeningen staan hydrotherapie, watergymnastiek, sauna en lichaamsverzorging op het programma. Ten slotte is ook **Aix-en-Provence** (zie blz. 40) een kuuroord – de naam Aix stamt van het Latijnse *aquae* (water). **Les Thermes Sextius** (55, Cours Sextius, tel. 04 42 23 81 81, www.thermes-sextius.com) heet het moderne wellnesscentrum, dat op de fundamenten van de oude thermen is gebouwd. Het bronwater (34 °C) wordt gebruikt voor hydromassage, een zwembad en een krachtige douche. Een mooie tuin nodigt uit om u nog wat langer over te geven aan de totale ontspanning.

Toeristische woordenlijst

Algemeen

goedendag	bonjour
goedenavond	bonsoir
tot ziens	au revoir
hoe gaat het?	ça va?
dank u, goed	merci, bien
alstublieft	s'il vous plaît
dank u wel	merci
ik heet…	je m'appelle…
waar is…	où est…?
wanneer?	quand?

Tijd

zondag	dimanche
maandag	lundi
dinsdag	mardi
woensdag	mercredi
donderdag	jeudi
vrijdag	vendredi
zaterdag	samedi
feestdag	jour de fête
minuut	minute
uur	heure
dag	jour
week	semaine
maand	mois
jaar	année
vandaag	aujourd'hui
gisteren	hier
morgen	demain
's ochtends	le matin
's middags	à midi
aan het eind van de middag	l'après-midi
's avonds	le soir
voor / na	avant / après
vroeg / laat	tôt / tard

Noodgevallen

help!	au secours!
politie	police
dokter	médecin
ongeluk	accident
pech	panne

Onderweg

halte	arrêt
bus	bus, car
vervoerbewijs	ticket
station	gare
luchthaven	aéroport
auto	voiture
ingang	entrée
afrit	sortie
bij	chez
links / rechts	à gauche / à droite
rechtdoor	tout droit
hier / daar	ici / là
plattegrond	plan de ville
inlichtingen	information
pas op!	attention!
bank	banque
telefoon	téléphone
telefoonkaart	télécarte
postkantoor	poste
geopend	ouvert
gesloten	fermé

Winkelen

kopen	acheter
winkel	magasin
markt	marché
contant	en espèces
geld	argent
cheque	chèque
creditcard	carte de crédit
duur	cher
goedkoop	bon marché
hoeveel?	combien?

In het hotel

kamer	chambre
voor één persoon	pour une personne
badkamer	salle de bains
douche	douche
tweepersoonsbed	grand lit
eenpersoons-bedden	deux lits
sleutel	clé

handdoek	serviette
lift	ascenseur
bagage	bagages
paspoort	passeport
nota	facture
receptie	réception
wekken	réveiller
prijs	prix
rekening	note
naam	nom
voornaam	prénom
aankomst	arrivée
vertrek	départ
parkeerplaats	parking
tent	tente
caravan	caravan

In het restaurant

ontbijt	petit déjeuner
lunch	déjeuner
diner	dîner
maaltijd	repas
eten / drinken	manger / boire
tafel	table
reserveren	réserver
mes	couteau
vork	fourchette
lepel	cuillère
theelepel	petite cuillère
bord	assiette
fles	bouteille
glas	verre
menukaart	carte, menu
wijnkaart	carte des vins
voorgerecht	hors d'œuvre
hoofdgerecht	plat principal
dagmenu	plat du jour
nagerecht	dessert
afrekenen	payer
rekening	addition
vegetarisch	végétarien
water	de l'eau
drankje	boisson
met koolzuur	gazeux

1	un	16	seize
2	deux	17	dix-sept
3	trois	18	dix-huit
4	quatre	19	dix-neuf
5	cinq	20	vingt
6	six	30	trente
7	sept	40	quarante
8	huit	50	cinquante
9	neuf	60	soixante
10	dix	70	soixante-dix
11	onze	80	quatre-vingt
12	douze	90	quatre-vingt-dix
13	treize		
14	quatorze	100	cent
15	quinze	1000	mille

Belangrijke zinnen

Hoe kom ik in…? Comment j'arrive à…?
Hoeveel kost dat? Ça coûte combien?
Waar vind ik…? Où est-ce que je peux trouver …?
Ik heb… nodig. J'ai besoin de …
Wanneer gaat… open / dicht? Quand ouvre / ferme …?
Hebt u een kamer vrij? Avez-vous une chambre de libre?
Spreekt u Duits / Engels? Parlez-vous l'allemand / l'anglais?
Waar kan ik mijn auto parkeren? Où puis-je garer ma voiture?
Kunt u me helpen? Pourriez-vous m'aider?
Ga weg! Fiche le camp!

Inlichtingen

... in Nederland

Maison de la France
Prinsengracht 670
1017 KX Amsterdam
tel. 0900 112 23 32
(€ 0,50 per minuut)
fax 020 620 33 39
www.franceguide.com
info.nl@franceguide.com

... in België

Maison de la France
Gulden Vlieslaan 21
1050 Brussel
tel. 0902 880 25
(€ 0,15 per 12 seconden)
fax 02 505 38 39
www.franceguide.com
info.be@franceguide.com

... in de Provence

Comité Régional du Tourisme Provence-Alpes-Côte d'Azur
Les Docks, Atrium 10.5
13567 Marseille
tel. 04 91 56 47 00
fax 04 91 56 47 01

Comité Départemental du Tourisme de la Drôme,
31, Avenue du Président Herriot
26000 Valence
tel. 04 75 82 19 26
fax 04 75 56 01 65

Douane

Zoals naar alle andere landen van de Europese Unie (EU) volstaat ook voor de reis naar Frankrijk een geldig paspoort of een geldige Europese identiteitskaart. Als u met de auto gaat, dient u bovendien een geldig rij- en kentekenbewijs en – voor auto's ouder dan drie jaar – een APK-keuringsbewijs bij zich te hebben. Verder dient u in het bezit te zijn van een groene verzekeringskaart. Wie langer dan drie maanden wil blijven, heeft een verblijfsvergunning.

Douanebepalingen: binnen de EU mogen reizigers alle goederen voor eigen gebruik belastingvrij in- en uitvoeren. Hieronder worden ook souvenirs en geschenken verstaan. U kunt dus bijvoorbeeld maximaal 90 l wijn, 10 l sterke drank, 110 l bier, 800 sigaretten, 200 sigaren en 1 kg tabak meenemen.

Reizen naar de Provence

... met het vliegtuig

Van zowel Schiphol als Zaventem vertrekken dagelijks lijnvluchten naar de internationale luchthavens Nice-Côte d´Azur, Marseille-Marignane en Lyon-Satolas. U kunt daartoe naar keuze reizen met Air France of de KLM.

Ook stuntaanbieders vliegen richting Provence. Zowel Transavia (vanuit Amsterdam, www.transavia.com) als Easyjet (vanuit Dortmund, www.easyjet.com) doen Nice aan. Het Duitse Germanwings (www.germanwings.com) vliegt vanuit Keulen naar Nice en Hapag-Lloyd Express (www.hlx.com) vanuit Keulen naar Marseille.

... met de trein

In het tijdperk van de TGV ligt Marseille nog maar op drie uur treinen van Parijs. In de Provence stopt de TGV behalve in Marseille ook in Arles, Avignon,

Aix-en-Provence en Nîmes. U dient voor de TGV te reserveren (www.tgv.com) en er wordt een toeslag in rekening gebracht! In de zomermaanden rijdt op zaterdag de Zon-Thalys van Amsterdam Centraal (via Schiphol, Den Haag HS, Rotterdam, Antwerpen en Brussel) naar Valence, Avignon en Marseille. De reis van Amsterdam naar Marseille neemt 7,5 uur in beslag. Nadere informatie vindt u op www.ns.nl of www.b-rail.be. Als u uw auto graag bij de hand hebt, maar opziet tegen de lange rit, dan kunt u gebruikmaken van de autoslaaptrein. Deze vertrekt aan het begin van de avond in Den Bosch, waarna u de volgende ochtend in Avignon wordt afgezet. Meer informatie vindt u op www.autoslaaptrein.nl

... met de auto

Vanuit het noorden rijdt u tot Orange over de Autoroute du Sud A 6, daarna eventueel verder over de A 7 tot Marseille. Wie de zomerse files op de A 6 tussen Beaune en Lyon wil vermijden, kan gebruikmaken van de nieuwe A 39 die Dôle met Bourg-en-Bresse verbindt. Klassiek is de reis via de Route Nationale 7 door Bourgondië en het Rhônedal naar Aix-en-Provence en het Massif de la Ste-Baume. Vanaf Grenoble voert de Route Napoléon (N 85) door de Alpes Maritimes naar de Gorges du Verdon. Vanaf Sisteron kunt u dan via de A 51 afslaan richting Aix-en Provence.

Op de Franse snelwegen moet tol worden betaald (*péage*, u kunt contant of met een creditcard – poortjes aangeduid met CB – betalen). Voor het traject tot aan Marseille moet u voor een auto circa € 50 (enkele reis) incalculeren.

Geld

Bij geldautomaten kunt u 24 uur per dag geld opnemen met een bankpasje of creditcard. Houd er echter rekening mee dat aan geldopnames met een creditcard relatief hoge kosten (minimaal € 4,50) zijn verbonden.

De reguliere creditcards (Visa, Eurocard, etc.) worden vrijwel overal geaccepteerd.

Veiligheid

Op veel parkeerplaatsen manen bordjes u om niets, maar dan ook niets, in uw auto achter te laten. Dit geldt ook voor afgelegen plekken zoals de Mont Ventoux. Volg die raad beslist op, want autokrakers zijn overal in de Provence actief. Verder zijn er gevallen bekend van toeristen die van de luchthaven naar het hotel worden gevolgd en ergens op een stil stukje van de weg gedwongen worden hun waardevolle spullen af te geven. Dat is een zeldzaamheid, maar speel in zo'n geval niet de held. U kunt beter bagage en fototoestel aan een overvaller geven dan in elkaar geslagen worden.

Noodgevallen

Politie: tel. 17
Brandweer: tel. 18
Ambulance en spoedeisende hulp (S.A.M.U.): tel. 15
ANWB-steunpunt Lyon:
Parc des Tuileries
69760 LImonest
tel. 04 72 17 12 12
fax 04 72 17 12 93

Consulaten

Nederlandse consulaat
137, Avenue De Toulon
13005 Marseille
tel. 04 91 25 66 64
fax 04 91 78 05 48
consulatpaysbasmarseille@wanadoo.fr

Belgisch consulaat
75, Cours Pierre Puget
13006 Marseille
tel. 04 91 37 07 17
fax 04 91 37 29 55
consubel1384@aol.com

Telefoneren

Frankrijk kent geen kengetallen en bij gesprekken vanuit het buitenland vervalt de eerste nul van het altijd tiencijferige nummer. Tussen 21.30 en 8 uur, op za. vanaf 14 uur en zo. de hele dag is er een daltarief van toepassing. Telefoonkaarten *(télécarte)* zijn te verkrijgen bij het postkantoor en in tabakswinkels (Tabac). Ook mobiel bellen is in de Provence in het algemeen geen probleem – alleen in afgelegen dalen van de Haute-Provence hebt u zo nu en dan mogelijk geen bereik. De tarieven voor mobiel bellen vanuit het buitenland verschillen van provider tot provider. Kijk voor uw vertrek op www.vakantiebellen.com voor een overzicht van de meest voordelige opties in Frankrijk.

Naar Frankrijk: 0033 + abonneenummer (zonder 0).

Naar Nederland: 0031 + kengetal (zonder 0) + abonneenummer.

Naar België: 0032 + kengetal (zonder 0) + abonneenummer.

Gezondheid

Sluit voor uw vertrek altijd een reisverzekering af. Let daarbij op dat u ook de mogelijke ziektekosten goed verzekert, want uw eigen verzekeraar vergoedt niet altijd alle in het buitenland gemaakte geneeskundige kosten. Een reisverzekering blijft daarom absoluut noodzakelijk. Neem een kopie van de polis mee! Apotheken *(pharmacie)* zijn te herkennen aan een groen kruis in neonverlichting.

Gehandicapten

In de Provence zijn weinig speciale voorzieningen voor gehandicapten getroffen en als ze er al zijn, dan voornamelijk in de steden. Hobbelige steegjes met kinderhoofdjes kunnen een probleem voor rolstoelgebruikers betekenen. De Association des Paralysés de France (APF) stuurt tegen betaling een hotel- en restaurantgids: APF, Délégation Paris, 22, Rue du Père-Guérin, 75013 Paris, tel. 01 40 78 69 00.
Zo'n 100 Franse steden krijgen in de brochure 'Tourisme quand même' een waardering van het Franse Comité National Français de Liaison pour la Réadaptation des Handicapés (CNRH). Deze wordt u tegen betaling toegestuurd: 236 bis, Rue de Tolbiac, 75013 Paris, tel. 01 53 80 66 66, fax 01 53 80 66 67, www.handitel.org

Openingstijden

Doorgaans zijn de winkels ma.-za. 9–12 en 14–19 uur geopend. Grote supermarkten zijn op een paar avonden tot 21 of 22 uur geopend. Op zo. ochtend zijn bakkerijen en sommige levensmiddelenzaken geopend. Ma. zijn winkels in kleine plaatsen vaak gesloten. Banken: ma.-vr. 9–12 en 14–16 uur. Postkantoren: ma.-vr., in grote steden 9–19 (elders 8–12, 14–18.30), za. tot 12 uur.

Reizen in de Provence

... met de trein

De grotere plaatsen beschikken over een station. Inlichtingen over de Franse spoorwegen SNCF kunt u krijgen op tel. 08 36 35 35 35 (dag. 7–22 uur, € 0,30 per minuut) of via www.sncf.com. Van lokale verbindingen (Transports Express Régionaux, TER) kunt u op alle stations een gratis overzicht krijgen, dat ook te vinden is op www.ter.sncf.fr/paca

... met de bus

In alle grotere plaatsen is een busstation *(gare routière)* te vinden. Van stad naar stad zijn de verbindingen goed, maar naar afgelegen dorpen in de omgeving rijden vaak alleen maar 's ochtends en 's avonds bussen. Op belangrijke trajecten rijden op werkdagen vaak meerdere lijnen.

... met de taxi

Het basistarief voor een taxirit bedraagt € 2 en daarbovenop komt de prijs per gereden kilometer. De kilometerprijs is tussen 7–19 uur circa € 0,50 en op andere tijdstippen circa € 0,90. Op zon- en feestdagen wordt de hele dag het hogere tarief gehanteerd. Voor bagagestukken vanaf 5 kg wordt een meerprijs van € 1 gerekend.

... met de auto

Frankrijk beschikt over een dicht wegennet en de wegen zijn goed. In de bergen is voorzichtigheid geboden. 's Winters kan het er glad zijn en het waait er vaak erg hard. In de zomer zijn de files het grootste probleem.

Hulp bij pech onderweg: op de snelwegen kunt u in geval van nood hulp aanvragen via de praatpalen; in andere gevallen belt u het alarmnummer van de politie: 17. Zie blz. 35 voor het telefoonnummer voor het ANWB-steunpunt Lyon.

Verkeersregels: binnen de bebouwde kom bedraagt de maximumsnelheid 50 km/u, op provinciale wegen 90 km/u, op snelwegen 110 km/u en op de *péages* 130 km/u. Het bord 'Toutes directions' geeft de richting aan voor doorgaand verkeer. Verkeer op rotondes heeft voorrang. Het toegestane alcoholpromillage is 0,5. Gordels zijn verplicht. Boetes voor overtredingen zijn heel hoog en bij aanzienlijke snelheidsovertredingen of een te hoog alcoholpromillage wordt meteen het rijbewijs ingetrokken.

Tanken: Er zijn heel veel benzinestations. Er is keuze uit *sans plomb* (loodvrij), *essence 95* (super), *essence 98* (super plus) en *gazole* (diesel). Het goedkoopst tankt u bij de grote supermarkten.

... met de huurauto

Het is het eenvoudigst om een huurauto al voor uw vertrek naar de Provence te regelen. U kunt dit bij een reisbureau doen, maar de eenvoudigste weg is via internet bij onder meer Alamo (www.alamo.nl), Avis (www.avis.nl of .be), Europcar (www.europcar.nl of .be) of Hertz (www.hertz.nl of .be).

Plaatsbes

In Aix en Avignon langs de straten flaneren, in slaperige dorpjes alle beslommeringen even helemaal van u af zetten, van de goddelijke gerechten van de Provençaalse keuken genieten, van onder een plataan op het dorpsplein naar een potje jeu de boules kijken, in het spoor van Cézanne en Van Gogh het landschappelijke schoon ontdekken, bij de wijnboer en de olijvenpers de heerlijkste wijnen en

chrijvingen

oliën voor thuis kopen, per fiets of te voet de Garrigue verkennen – deze gids over de Provence geeft u nuttige tips en geselecteerde adressen, zodat uw verblijf een belevenis wordt! En wie de Provence eens van een andere kant wil zien, raden wij de Extra-routes aan. De Provence in compact, overzichtelijk formaat, voor wie veel wil zien en niets wil missen. Bon voyage!

Hoogtepunt 1

Aix-en-Provence (E 6/7)

Geen enkele boulevard in de Provence kan het in schoonheid opnemen tegen de Cours Mirabeau van Aix (124.000 inwoners), die als een breed uitgevallen loopplank het leven in de stad verbindt. Platanen werpen hun schaduwen over de dakpannen, die in Aix al even kleurrijk zijn als in Toscane. De muren van het elegante 18e-eeuwse paleis lichten honingkleurig op. In Aix bent u kilometers verwijderd van de kneuterige charme van de steegjes in oude Provençaalse plaatsjes, hier heerst de grandeur van de vroegere aristocratie nog volop. Pleinen als Place des Cardeurs en Place de l'Hôtel de Ville zijn tribune en toneel ineen: men komt hier niet alleen om te zien, maar zeker ook om gezien te worden. Het zomerfestival van Aix steekt dat van Salzburg naar de kroon. Met opera en concerten vormt het een elitaire tegenpool van het straattheaterfestival van Avignon. Aix is mooi, zo mooi dat het de stad is waar Fransen het liefst wonen. Dat daarvoor het meest moet worden betaald van de hele Provence, neemt men op de koop toe.

Bezienswaardigheden

Cours Mirabeau: platanen werpen hun schaduw over deze beroemde boulevard. De aaneenschakeling van sierlijke gevels, verkoelende fonteinen en verleidelijke cafés eindigt bij La Fontaine du Roi (koninklijke fontein). De smalle Passage Agard voert hiervandaan naar de oude binnenstad: schilderachtiger dan hier is Aix nergens.

St-Sauveur: ma.-za. 10–12, 14–18, zo. 14–18 uur.
Gotische kathedraal met rijk versierd interieur, waar u onder meer het triptiek 'Het brandende braambos' (1467) vindt. De kruisgang is romaans.

Hôtel de Ville: het barokke raadhuis wordt geflankeerd door de Tour de l'Horloge. De klokkentoren (15e eeuw, astronomische klok) is verfraaid met een smeedijzeren dakruiter.

Palais de Justice: het kolossale paleis van justitie (1832) staat aan het kleine Place des Prêcheurs, het oudste plein van Aix.

Ste-Madeleine: 10–12, 14–18 uur.
Deze romaanse kerk is in de 17e en de 19e eeuw verbouwd. Er zijn schilderijen van Van Loo, Rubens en Dombet te zien. Cézanne werd hier gedoopt.

Place des Quatre-Dauphins: dit met een fontein (1667) getooide plein is het hart van Quartier Mazarin. In de voormalige aristocratenwijk staan nog talloze paleisachtige gebouwen.

Parcours Paul Cézanne: deze met bronzen 'C's in het trottoir aangegeven route treedt in het voetspoor van de impressionist. Het Office de Tourisme biedt routebeschrijvingen.

Musée Granet: Pl. St-Jean-de-Malte, wo.-ma. 10–12, 14–18 uur.
Met werken van Cézanne, David, Rubens en Cranach is dit een van de rijkste kunstmusea van de Provence. Er is ook een oudheidkundige collectie (sarcofagen, dodenmaskers, mozaïeken). Het gebouw was aanvankelijk een priorij, waarvan de gotische St-Jean-de-Maltekerk naast het museum staat.

Musée des Tapisseries / Palais de l'Archevêché: wo.-ma. 10–12, 14–17.45 uur.
Dit museum op de eerste verdieping van het bisschopspaleis toont tapijten uit Beauvais (17e-18e eeuw). De trap op de binnenplaats en de luxueuze inrichting van de barokke verblijven zijn al reden genoeg voor een bezoek.

Pavillon de Vendôme:
32, Rue Célony, wo.-ma. 10–12, 14–18, 's winters tot 17 uur.
Ionische, Dorische en Corinthische zuilen sieren dit barokke paleis, waarvan het prachtige balkon door atlanten wordt ondersteund. De salons tonen hoe de rijken onder het *ancien régime* woonden.

Atelier Paul Cézanne:
9, Rue Paul Cézanne, apr.-sept. wo.-ma. 10–12, 14.30–18, anders tot 17 uur.
De schilder liet dit huis (een atelier met voorstudies) met uitzicht op de Montagne Ste-Victoire in 1901 bouwen.

Fondation Vasarely:
1, Av. Marcel Pagnol, ma.-vr. 10–13, 14–19, za., zo. 10–19 uur, www.fondationvasarely.com
Bontgekleurde geometrische werken van de Hongaarse schilder Vasarely.

Winkelen

Confiserie du Roy René:
7, Rue Papassaudi.
De beste *calissons* (gebak met amandelen en meloen) van de stad.

Santons Fouque: 65, Cours Gambetta, www.santons-fouque.com
Dit familiebedrijf werd in 1934 door vader opgericht en daarna door dochter

De gevels van Aix zijn oudroze, honing- en abrikooskleurig

voortgezet. Voor velen zijn dit de mooiste kerststalfiguren van de Provence.
Château Simone: Chemin Simone, 13590 Meyreuil, 3 km noordelijker, op afspraak, tel. 04 42 66 92 58.
Dure wijnen van de AOC La Palette. Uitstekende witte wijnen uit het kleine wijngebied ten noorden van Aix.

Markten:
Place Richelme: ma.-za. ochtend. Worst, kaas, fruit, groenten.
Place Verdun: di., do., za. Grote vlooienmarkt met kunstnijverheidsproducten en oude rommel.

Uitgaan

Het uitgaansleven concentreert zich rond de Cours Mirabeau – het populairste café is **Les deux Garçons**. Ook de cafés tussen Place des Prêcheurs en Place de Verdun, zoals **Bar Le Verdun**, zijn drukbezocht.

Feest en evenement

Festival International d'Art lyrique et de Musique: juli, operafestival, klassieke concerten, tel. 04 42 17 34 34, www.festival-aix.com
Jazzfestival: aug.
Foire aux Santons: dec., Av. Victor Hugo. Verkoop van Provençaalse kerststalfiguren.

Office de Tourisme: Pl. Général de Gaulle, 13100 Aix-en-Provence, tel. 04 42 16 11 61, 04 42 16 11 62, www.aixenprovencetourism.com

Auberge de Jeunesse: 3, Av. Marcel Pagnol, tel. 04 42 20 15 99, fax 04 42 59 36 12, van kerst tot 1 feb. gesl., vanaf € 13,50 per nacht. Jeugdherberg, 100 bedden in kamers en zalen. Apr.-okt. met restaurant.
Hôtel des Quatre-Dauphins: 54, Rue Roux Alphéran, tel. 04 42 38 16 39, fax 04 42 38 60 19, 2 pk vanaf € 50. Mooi gelegen in een barok hoekje. Het typisch Franse gebouw is ingericht met pluche en pasteltinten.
Hôtel Le Manoir: 8, Rue d'Entrecasteaux, tel. 04 42 26 27 20,

fax 04 42 27 17 97, 2 pk vanaf € 54. Landelijke rust aan een grote binnenplaats van een voormalig klooster. De eetzaal bevindt zich in de kruisgang.
Hôtel Aquabella: 2, Rue des Etuves, tel. 04 42 99 15 00, fax 04 42 99 15 01, 2 pk vanaf € 124. Hotel van het wellnesscentrum Les Thermes Sextius (zie blz. 31). Moderne kamers met goed gedoseerd design. Vanaf de bovenste etages hebt u een mooi uitzicht over de oude stad. Bijzonder comfortabel.
Le Grand Hôtel: 24, Bd. Roi René, tel. 04 42 37 61 00, fax 04 42 37 61 11, 2 pk vanaf € 165. Nieuw hotel in nuchtere, sierlijke Provençaalse stijl, tussen het station en de Cours Mirabeau. Op de patio is een zwembad.

La Brocherie: 5, Rue Fernand-Dol, tel. 04 42 38 33 21, za. middag, zo. gesl., menu € 21. Rustieke gelegenheid met grote schouw, bekend om zijn visschotels. Er is ook een leuke patio.
Laurane et sa maison: 16, Rue Victor Leydet, tel. 04 42 93 02 03, zo., ma. gesl., menu € 13 (' s middags)-30. Veelbelovend nieuw adres. Oude recepten krijgen er nieuw leven ingeblazen. Mooie binnenplaats.
La Vieille Auberge: 63, Rue Espariat, tel. 04 42 27 17 41, ma. middag gesl., menu € 17 ('s middags)-45. Na een personeelswisseling in de keuken is dit een ontmoetingsplaats voor tout Aix geworden. Innovatieve Provençaalse keuken.
Le Clos de la Violette: Av. de la Violette, tel. 04 42 21 93 03, ma.-wo. middag, zo. gesl., menu vanaf € 54. Hét adres voor lekkerbekken, maar ook bijzonder prijzig. Tuin met pijnbomen. In de winter menu's met truffels!

Trein: station, Av. Victor-Hugo, tel. 08 36 35 35 35. TGV naar Lyon en Parijs. Treinen naar Avignon, Cavaillon en Manosque.
Bus: busstation, Rue Lapierre, tel. 04 42 27 17 91. Vele regionale en interlokale verbindingen.

Uitstapjes

Montagne Ste-Victoire (F 6): De kolossale, met een kruis getooide kalkstenen berg (1011 m) is al eeuwenlang een doel voor bedevaartgangers (op 888 m hoogte staat een priorij) en een van de mooiste stukjes Provence. Cézanne heeft de berg vaak geschilderd. Picasso ligt in de tuin van zijn kasteel in Vauvenargues begraven. Vanuit het dorp leidt wandelpad GR 9 naar de top.

Apt (D/E 4)

Apt (11.000 inwoners) ligt in het Parc Régional du Lubéron; de administratie van het natuurpark is in de plaats gevestigd. Het dal van de Cavalon, dat de Lubéron van oost naar west doorsnijdt, is al sinds de Oudheid een belangrijke handelsroute. Het fruit uit het dal, met name de kersen, gelden al sinds de Middeleeuwen als de beste van de hele Provence. Uit die tijd stamt ook de in Apt verfijnde kunst van het konfijten van vruchten (*fruits confits*).

Sport

Informatie over wandel-, fiets- en mountainbiketochten in het natuurpark Lubéron in Maison du Parc (zie hierna).

Bezienswaardigheden

Maison du Parc: 60, Pl. Jean Jaurès, tel. 04 90 04 42 00, www.parc-du-luberon.org, ma.-vr. 9–12, 14–18 uur, mei-okt. ook za.

Gewijd aan het natuurpark Lubéron (fauna, flora, geologie, tradities, bodembewerking). Er is een winkel met boeken en gastronomische producten.

Hoogtepunt 2

Lubéron (D 4–F 4): de bergketen is onderverdeeld in de Grand en de Petit Lubéron. Kenmerkend voor de Grand Lubéron zijn de afgeronde, met bossen begroeide bergtoppen (met de Mourre Nègre, 1125 m). Naar het zuiden lopen de hellingen glooiend af, in het noorden zijn ze scherper getekend en rotsiger. De Petit Lubéron is toegankelijker, met name tussen Cavaillon en Bonnieux; de cederbossen en de weliswaar niet erg hoge, maar wel indrukwekkende heuvels vormen een heel mooi stukje Provence (zie Extra-route 3, blz. 112).

Winkelen

Confiserie Marcel Richaud:
112, Quai de la Liberté.
Fruits confits, calissons, noga.

Lavendelhoning

De romige lavendelhoning, waarvoor Brigitte en Pierre-Marie Bresc hun bijen over het Plateau de Valensole laten zoemen, is ver buiten Viens bekend. Het moorse massief brengt een donkere boshoning voort, terwijl van de hellingen van de Lubéron mirte- en rozemarijnhoning komt. In La Miellerie vindt u een tiental soorten, alle uit eigen bijenkorven en met zorg bereid.

La Miellerie, Rue Porte-Neuve, 84750 Viens, tel. 04 90 75 24 42, jan.-half feb. gesl.

Aptunion: N 100, Salignan,
www.kerryaptunion.com
Gekonfijte kersen, meloenen en perziken. Rondleiding mogelijk.

Office de Tourisme:
Pl. Bouquerie, 84400 Apt,
tel. 04 90 74 03 18.
Parc Régional du Lubéron:
60, Pl. Jean Jaurès,
tel. 04 90 04 42 00,
www.parc-du-luberon.org

Auberge de Jeunesse Le Regain: 84400 Saignon, 3 km buiten Apt, tel. 04 90 74 39 34, fax 04 90 74 50 90, € 12,50 per nacht.
Sobere, maar prachtig gelegen jeugdherberg. De eigenaar schrijft wandelgidsen en is zelf ook een verwoed wandelaar.

Le Massonet: Rte. de St-Saturnin, 3 km noordwestelijker, tel./fax 04 90 04 66 15, www.elansud.fr/lemassonet, 2 pk vanaf € 40 (geen creditcards).
Deze voormalige molen is met de omliggende gebouwen geschikt gemaakt voor vakantiegangers ('s zomers alleen per week). Mooie ligging.

Les Hautes Courennes:
84750 St-Martin-de-Castillon,
tel. 04 90 75 22 21,
fax 04 90 75 11 65, vakantiewoningen (100 m^2, vier pers.) laagseizoen vanaf € 505, hoogseizoen vanaf € 810 per week.
Chambres d'hôtes en vakantieverblijven op de boerderij, waar men een biologische kaas maakt die ook op de markt van Apt een doorslaand succes is. Het Wereld Natuurfonds heeft de vakantiewoningen onderscheiden met het pandalabel, vanwege de milieuvriendelijke aanpak van de eigenaar. Zwembad met uitzicht op de Lubéron.

Auberge du Lubéron: 8, Pl. du Faubourg-du-Ballet, tel. 04 90 74 12 50, www.auberge-luberon-peuzon.com, buiten het hoogseizoen zo. avond en ma. gesl., menu € 26–54.
Chef-kok Serge Peuzin staat borg voor voortreffelijke en innovatieve gerechten, zoals knoflook-chutney en foie gras met verse tijm. Tuin met terras.
Bernard Mathys: 84400 Le Chène, 5 km westelijker, tel. 04 90 04 84 64, jan., feb. en di, wo. gesl., menu vanaf € 40.
Adres voor fijnproevers in een citroengeel geschilderde ruimte. Specialiteiten: tarbot met olijven en foie gras met tomatengelei.

Bus: 2 x per dag Avignon-Apt-Digne, vervoerbedrijf Villardo-Bernard, tel. 04 90 74 36 10.

3

Hoogtepunt

Arles (A 6)

In de 6e eeuw v.Chr. stichtten Grieken uit Massalia (Marseille) de stad Arlate op een kalkplateau in de zompige Rhônedelta. Het huidige stadsbeeld van Arles (54.000 inwoners) wordt daarom bepaald door restanten uit de Oudheid: een indrukwekkende arena, een theater, de Constantijnse thermen langs de Rhône en de dodenstad Les Alyscamps buiten de stad. De ruïnes worden wel gerestaureerd, maar niet tot museumstukken teruggebracht – Arles gaat opgewekt met zijn verleden om. In de populaire wijken rond de bezienswaardigheden heerst een mediterrane sfeer. La Roquette, de wijk aan de rivier, is een mengelmoes van immigranten, zigeuners, armen en ongeregeld volk, maar trekt ook gefortuneerde nieuwe bewoners. Men woont er met de stoel voor de deur, als het weer dat toelaat – en dat is vaak. In L'Hauture, de wijk achter de arena, wonen de laatste schaapsherders en de beroemde *gardians*, de cowboys van de Camargue.

Bezienswaardigheden

Les Arènes: dit 2000 jaar oude Circus Maximus biedt plaats aan 26.000 (!) toeschouwers. Als het stierenvechten in dit stadion een keer verstoord dreigt te worden door de regen, kan men het hypermoderne velumdak sluiten.
Théâtre Antique: mei-sept. dag. 9–19, mrt., apr., okt. 9–12, 14–18, anders 10–12, 14–17 uur.
Romeins amfitheater dat ook vandaag de dag nog wordt gebruikt.
St-Trophime: mei-sept. dag. 9–19, anders 10–12, 14–18 uur.
Een van de mooiste romaanse kerken van de Provence (er is ook een romaans-gotisch klooster uit de 12e-14e eeuw).
Les Alyscamps: cipressen werpen hun schaduw over deze laan met sarcofagen uit de Oudheid. Aan het eind bevinden zich de resten van een meer dan 1200 jaar (4e-12e eeuw) gebruikte necropool (kerk).
Place du Forum: in het hart van de oude stad ligt dit plein, dat wordt omzoomd door chique hotels en terrassen; een plaatje, ook nog nadat de oude platanen zijn geveld.
Muséon Arlaten: 29, Rue de la République, di.-zo. 9.30–12.30, 14–18, 's winters tot 17 uur, juli-sept. dag.
Dit volkskundige museum in het Palais Laval-Castellane is in 1896 door Frédéric Mistral gesticht: klederdracht, meubilair, complete oude inrichtingen en archeologische vondsten.

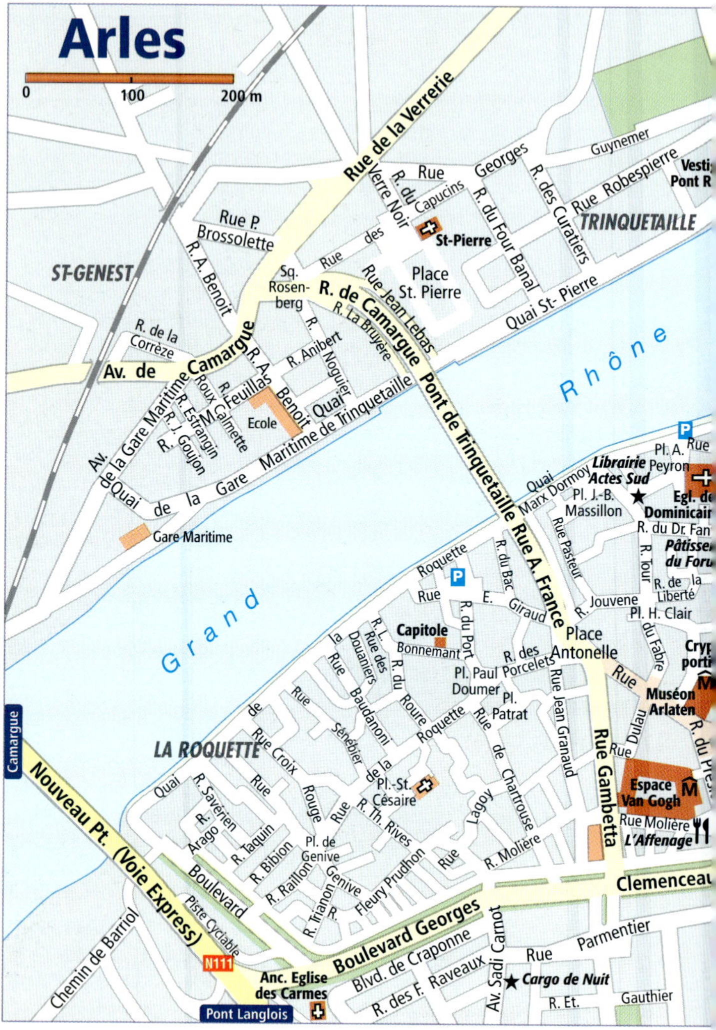

Musée Réattu: 10, Rue du Grand-Prieuré, juni-sept. dag. 9–12.30, 14–19, anders 10–12, 14–17 uur. De collectie in de middeleeuwse priorij van de Maltezers omvat schilderijen van Provençaalse kunstenaars, 57 werken van Picasso (56 daarvan zijn tekeningen) en oude foto's van Arles.

Fondation Van Gogh: in het Palais de Luppé (naast Les Arènes), dag. 10–19 uur. De schilder kwam in 1888 in Arles wonen; hij maakte er bijna 400 schilderijen. Nadat hij een van zijn oren had afgesneden werd Van Gogh opgenomen in de inrichting Hôtel-Dieu (nu de **Espace Van Gogh** en mediatheek).

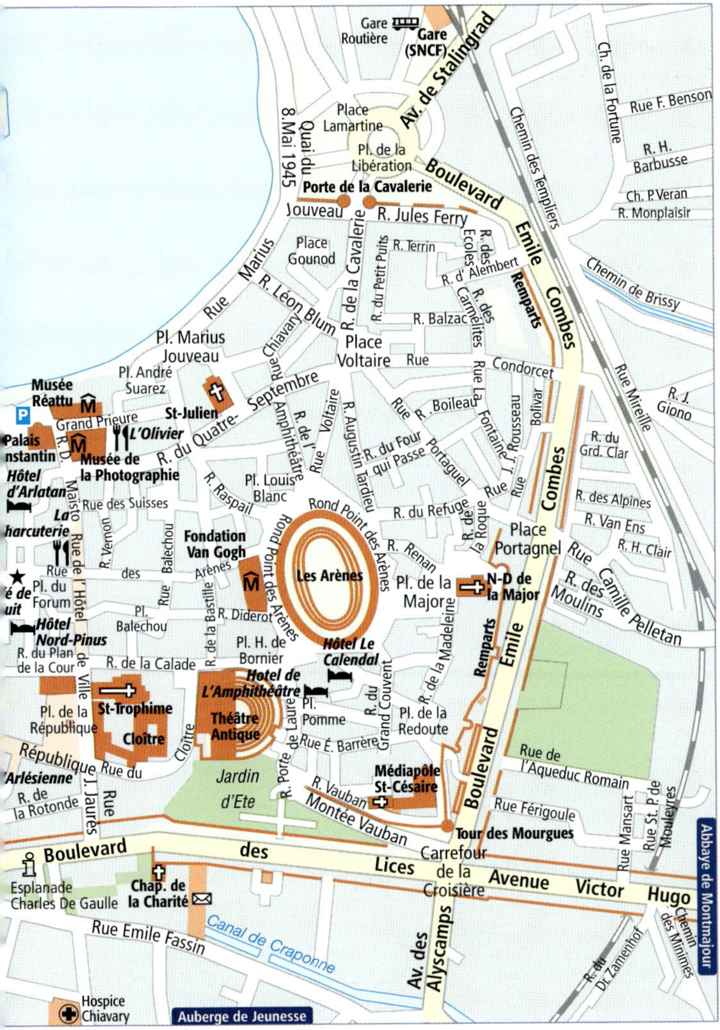

Als hommage aan Van Gogh toont de Fondation hedendaagse kunst, van Francis Bacon tot Arman.

Winkelen

Markt: Bd. Emile-Combes, wo. ochtend, en Bd. des Lices, za. ochtend. Grote en drukke markten, waar u onder meer rode rijst van de Camargue, olie uit Les Baux, specerijen en stoffen vindt.

Pâtisserie du Forum:
4, Rue de la Liberté.
IJs, belegde broodjes, gebak; om mee te nemen of te nuttigen in de bijbehorende *salon de thé*.

L'Arlésienne:
12, Rue du Président Wilson.
Traditionele winkel voor klederdracht van taf en zijde en *gardian*-kleding; ook verhuur.

Librairie Actes Sud:
47, Rue du Docteur Fanton.
Gerenommeerde boekhandel en uitgeverij. Goede afdeling fotoboeken.

Uitgaan

Café de Nuit: Pl. du Forum.
's Avonds, op het terras, vraagt u zich misschien af waar u dit plein toch van kent. Welnu, Van Gogh schilderde dit terras in precies hetzelfde avondlicht, in 1888.

Cargo de Nuit: 7, Av. Sadi-Carnot, www.cargodenuit.com,
di.-za. vanaf 20 uur.
Café, concertzaal en cocktailbar in één.

Feest en evenement

Féria: in tegenstelling tot de Spaanse *corrida*, die eindigt met de dood van de stier, keert het dier na de *course camarguaise* nagenoeg ongeschonden terug naar de drassige weiden van de Rhônedelta. Nog een verschil: bij de *corrida* wordt de torero in grote letters op de affiches vermeld, bij de *course camarguaise* is dat de stier. Het publiek kent de meestal zwarte stieren van vorige gevechten. Tussen hun horens prijkt de *cocarde*. Het is de bedoeling dat de *razeteurs*, de moedige mannen, die veroveren. Als hulpmiddel hebben ze daarvoor een *crochet*, een ijzeren klauw. In Arles, waar het stierenvechtersseizoen met de **Féria de Pâques** van start gaat (zie blz. 18), loopt de spanning vanaf eind februari op, want dan gaat de voorverkoop van start (Bureau de la Féria, BP 216, 13665 Arles, tel. 04 90 96 03 70, fax 04 90 96 64 31, www.arenes-arles.com). Het hoogtepunt is de **Course à la Cocarde d'Or** in juli. Op de derde zo. van sept. vindt bij het begin van de druivenoogst de **Féria des Vendanges** plaats.

Fête des Gardians: bont feest van de Camargue-cowboys op 1 mei. Zegeningen te paard voor de kerk Notre-Dame-de-la-Major.

Fête du Costume provençal:
eerste zo. van juli, belangrijk Provençaals klederdrachtfeest.

Le Pegoulado: 4 juli, groot folklorefeest met optocht.

Rencontres Internationales de la Photographie (RIP): eerste helft juli, uitstekend fotofestival met talrijke tentoonstellingen. Informatie op tel. 04 90 96 76 06.

Prémices du Riz: half sept., feest ter gelegenheid van de rijstoogst. Met Féria.

Antiekbeurs en rommelmarkt: eind sept.

Salon International des Santonniers: nov.-jan., zie blz. 20.

Office de Tourisme:
Pl. des Lices, 13200 Arles, tel. 04 90 18 41 20, www.ville-arles.fr.

Auberge de Jeunesse:
20, Av. Foch, tel. 04 90 96 18 25, fax 04 90 96 31 26, half dec. tot half

Worst uit Arles

De echte – want alleen met vlees van Camargue-stieren bereide – 'saucisson d'Arles' vindt u bij Pierre Milhau. In de worst wordt alleen vlees met het AOC-label 'Taureau de Camargue' verwerkt!

Au vrai Saucisson d'Arles,
11, Rue Réattu,
tel. 04 90 96 16 05, ma. gesl.

Nog afgezien van de grote bezienswaardigheden is Arles in alle opzichten een aangename Provençaalse stad

feb. gesl. € 12,50 per nacht.
Redelijk centraal gelegen jeugdherberg, praktisch.

Hôtel Le Calendal: 22, Rue du Docteur-Pomme, tel. 04 90 96 11 89, fax 04 90 96 75 84, www.lecalendale.com, 2 pk vanaf € 45.
Rustig gelegen, achter Les Arènes. Gemoedelijke sfeer.

Hôtel de L'Amphitéâtre: 5, Rue Diderot, tel. 04 90 96 10 30, fax 04 90 93 98 69, www.hotelamphitheatre.fr, 2 pk vanaf € 45.
Prachtig gebouw op een rustige locatie in de oude binnenstad. Smaakvol gerenoveerde kamers, vriendelijke bediening. Tip: de panorama-suite met uitzicht over de stad.

Hôtel Nord-Pinus: Pl. du Forum, tel. 04 90 93 44 44, fax 04 90 93 34 00, www.nord-pinus.com, 2 pk vanaf € 130.
Hele generaties torreros hebben in dit legendarische hotel geslapen. De restauratie is uitgevoerd onder leiding van Christian Lacroix.

Hôtel d'Arlatan: 16, Rue du Sauvage, tel. 04 90 93 56 66, fax 04 90 49 68 45, www.hotel-arlatan.fr, 2 pk vanaf € 173.
Prachtig gebouw in de buurt van de Rhône. Smaakvolle kamers en een mooie tuin.

L'Affenage: 4, Rue Molière, tel. 04 90 96 07 67, zo., wo. gesl., menu vanaf € 17.
In de vroegere postkoetshalte serveert men uitstekende menu's tegen eenheidsprijzen.

La Charcuterie: 51, Rue des Arènes, tel. 04 90 96 56 96, zo., ma. gesl., menu € 15–40.
Een charcuterie is een slager, en dat is deze zaak ook jaren geweest: vleesgerechten vormen het uithangbord. Trendy meubilair uit de jaren vijftig en zestig van de vorige eeuw.

L'Olivier: 1 bis, Rue Réattu, tel. 04 90 49 64 88, www.restaurant-olivier.com, zo., ma. gesl., menu € 28–55.

Populair etablissement met een kleine tuin. Specialiteiten zijn vis, groenten en steak van de Camargue-stier.

Trein: station, Av. Paulin Talabot. Treinen naar Avignon, Tarascon en Marseille, tel. 08 36 35 35 35.
Bus: busstation tegenover het treinstation. Vele (inter-)regionale verbindingen. Tel. 04 90 49 38 01.

Uitstapjes

Abbaye de Montmajour (A 5): D 17, richting Les Baux-de-Provence, dag. 9–12, 14–17, 's zomers 9–19 uur. Benedictijnenabdij op een rots boven een door monniken drooggelegd moeras. Rond het van lichtkleurige stenen gebouwde complex staan pijnbomen.
Pont Langlois (A 6): zo zag de door Van Gogh vereeuwigde ophaalbrug er ongeveer uit. Deze ligt in het zuiden van de stad, over het Canal d'Arles (D 35).
Camargue (zie Extra-route 4, blz. 114): water links, water rechts; ertussen het asfalt van de D 570; hier en daar een *mas*, de hoeve van een runderbaron; daaromheen weiden met zwarte stieren en aan het einde van dit amfibische landschap, aan zee, Les Stes-Maries-de-la-Mer. Wie het water in wil: tussen Port-Camargue en het natuurgebied Petite Camargue ligt 6 km strand. U komt er door vanaf Le Grau-du-Roi via de D 255b naar de vuurtoren L'Espiguette te rijden.

Hoogtepunt 4

Avignon (B 4)

Achter de kantelen van de 4,3 km lange stadsmuur ging ooit de pauselijke macht schuil. De machtige vestingmuren hebben de binnenstad van Avignon (180.000 inwoners) ook beschermd tegen moderne bouwwoede en vernieuwingsdrang. 's Nachts beschermen ze het centrum tegen autokrakers; gewetensvolle hoteliers waarschuwen hun gasten dat ze de auto binnen de muren moeten parkeren. Het kolossale pauselijke paleis vormt nog altijd de kern van het silhouet van de stad en heerst als een burcht over de omgeving. Een kleine 600 jaar na het pauselijke verblijf is Avignon nog altijd '*la cité des papes*'. Het tweede herkenningspunt van de stad, de nog intacte bogen van de beroemde brug van Avignon, is een geliefd object voor fotografen en vrijetijdsschilders.
De enorme hoeveelheid bezienswaardige gebouwen maakt een bezichtiging van de middeleeuwse binnenstad tot een pittige onderneming. Buiten de toeristische drukte rond het Place du Palais en verwijderd van de intimiderende pauselijke architectuur lukt het echter goed om te verhinderen dat Avignon één groot openluchtmuseum wordt. En ook in volksbuurten rond de Cloître des Carmes en ten noorden van de Rue des Teinturiers ademt Avignon een zeer hartelijke sfeer. Een Provençaals gezegde luidt dan ook: '*Quau se lèvo d'Avignoun, se lèvo de la resoun*' ('Wie Avignon verlaat, verliest zijn verstand').

Bezienswaardigheden

Palais des Papes: apr.-okt. dag. 9–19, juli 9–21, aug., sept. 9–20, nov.-mrt. 9.30–17.45 uur.
Dit paleis, waar de uit Rome verdreven pausen in de 14e eeuw feodaal heersten, is een van de belangrijkste gotische religieuze bouwwerken van Europa. Een vaste route voert langs 25

hoogtepunten in het complex, zoals de binnenplaatsen, het klooster, kapellen, audiëntie- en banketzalen (waaronder de 45 m lange Salle du Grand Tinel), keukens en de met oogverblindend mooie fresco's versierde privé-vertrekken. Het geheel is door de UNESCO tot Werelderfgoed uitgeroepen. Op de grootste binnenplaats vindt sinds 1947 elk jaar het theaterfestival plaats. Ten noorden van het paleis staat de kathedraal Notre-Dame-des-Doms (12e eeuw).

Rocher des Doms: vanuit dit park op de heuvel langs de Rhône hebt u uitzicht op de Pont Bénézet en Ile de Barthelasse.

Pont St-Bénézet: apr.-sept. dag. 9–19, anders 9.30–17.30 uur.
'*On y danse, on y danse*', zo wil het bekende liedje, maar de in de 12e eeuw over de Rhône gebouwde brug wordt vooral vanwege het uitzicht bezocht. De ontbrekende bogen werden in de 17e eeuw door extreem hoog water meegesleurd. Op een van de pijlers staat een aan St-Nicolas, de beschermheilige van de rivierschippers, gewijd kapelletje.

Place de l'Horloge: hét herkenningspunt van het populairste en meest bruisende plein van de stad is de klokkentoren van het stadhuis. Rond het plein rijgen de cafés zich aaneen. In zuidelijke richting begint vanaf dit plein de drukste winkelstraat van de stad, de Rue de la République.

Rue des Teinturiers: deze schilderachtige straat volgt de loop van de Sorgue (platanen, schepraderen). In de vroegere textielververswijk zorgen cafés en restaurants voor vertier.

Musée du Petit Palais: in Palais des Archevêques, wo.-ma. 9.30–12, 14–18 Uhr.
Italiaanse schilderkunst uit de 14e-16e eeuw (Botticelli, Carpaccio), werken van plaatselijke kunstenaars uit de 15e en 16e eeuw en romaanse en gotische beelden uit Avignon in het 14e-eeuwse aartsbisschoppelijke paleis.

Musée Calvet: 65, Rue Joseph Vernet, wo.-ma.10–13, 14–18 uur.
Alleen al het sierlijke barokke paleis en

Onderdeel van cultuur snuiven in de Provence: flaneren over de markten

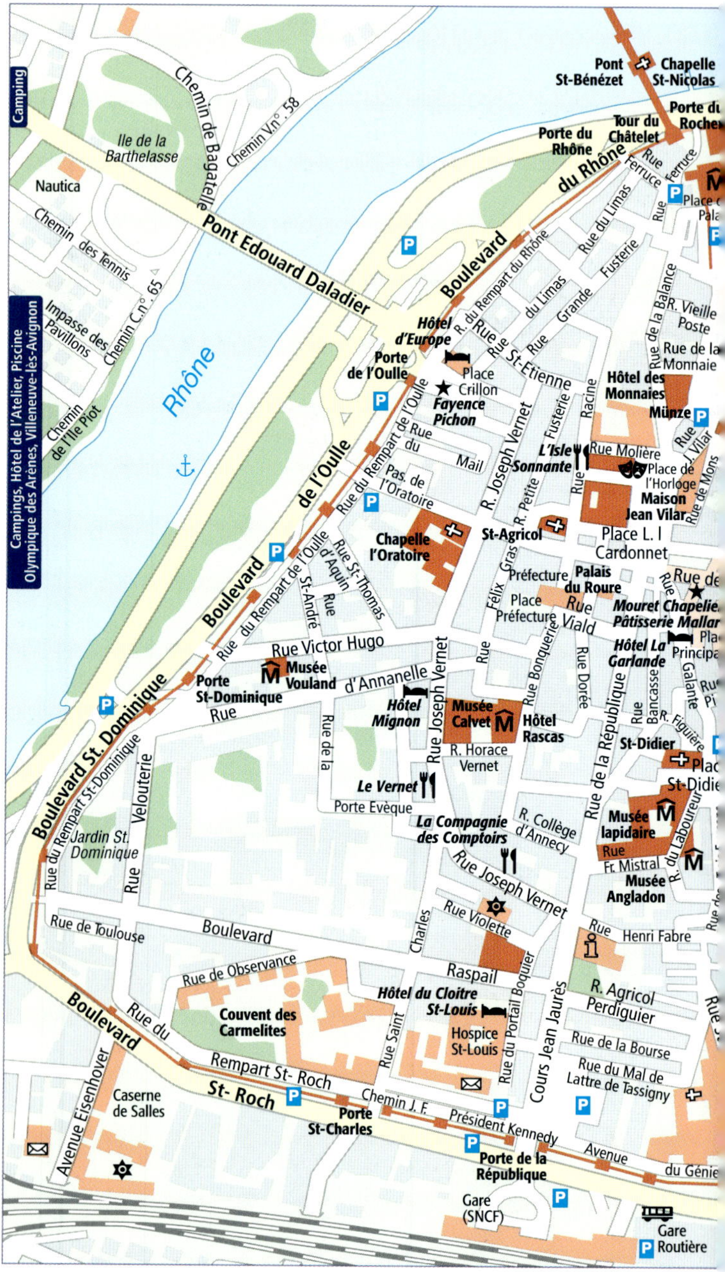
Camping
Campings, Hôtel de l'Atelier, Piscine Olympique des Arènes, Villeneuve-lès-Avignon
Pont St-Bénézet
Chapelle St-Nicolas
Porte du Rocher
Tour du Châtelet
Porte du Rhône
Boulevard du Rhône
Ile de la Barthelasse
Nautica
Chemin de Bagatelle
Chemin V.n°. 58
Chemin des Tennis
Chemin C.n°. 65
Impasse des Pavillons
Chemin de l'Ile Piot
Rhône
Pont Edouard Daladier
Hôtel d'Europe
Porte de l'Oulle
Place Crillon
Fayence Pichon
Boulevard de l'Oulle
Boulevard St. Dominique
Rue du Rempart de l'Oulle
Rue du Mail
Pas. de l'Oratoire
Chapelle l'Oratoire
St-Agricol
R. Joseph Vernet
Rue St-Etienne
Rue Grande Fusterie
Rue du Limas
Rue Racine
L'Isle Sonnante
Rue Molière
Place de l'Horloge
Maison Jean Vilar
Hôtel des Monnaies
Münze
Place L. l Cardonnet
Préfecture
Palais du Roure
Place Préfecture
Rue Viald
Mouret Chapelier
Pâtisserie Mallard
Hôtel La Garlande
Rue Victor Hugo
Musée Vouland
Porte St-Dominique
Rue d'Annanelle
Hôtel Mignon
Musée Calvet
Hôtel Rascas
R. Horace Vernet
Rue de la République
St-Didier
Musée lapidaire
Musée Angladon
Le Vernet
Rue de la Porte Evèque
La Compagnie des Comptoirs
R. Collège d'Annecy
Rue Joseph Vernet
Rue Violette
Rue Henri Fabre
R. Agricol Perdiguier
Jardin St. Dominique
Rue Velouterie
Rue de Toulouse
Boulevard Raspail
Rue de Observance
Couvent des Carmelites
Hôtel du Cloitre St-Louis
Hospice St-Louis
Rue du Portail Boquier
Cours Jean Jaurès
Rue de la Bourse
Rue du Mal de Lattre de Tassigny
Boulevard St-Roch
Rue du Rempart St-Roch
Caserne de Salles
Avenue Eisenhover
Porte St-Charles
Chemin J. F. Président Kennedy
Porte de la République
Avenue du Génie
Gare (SNCF)
Gare Routière

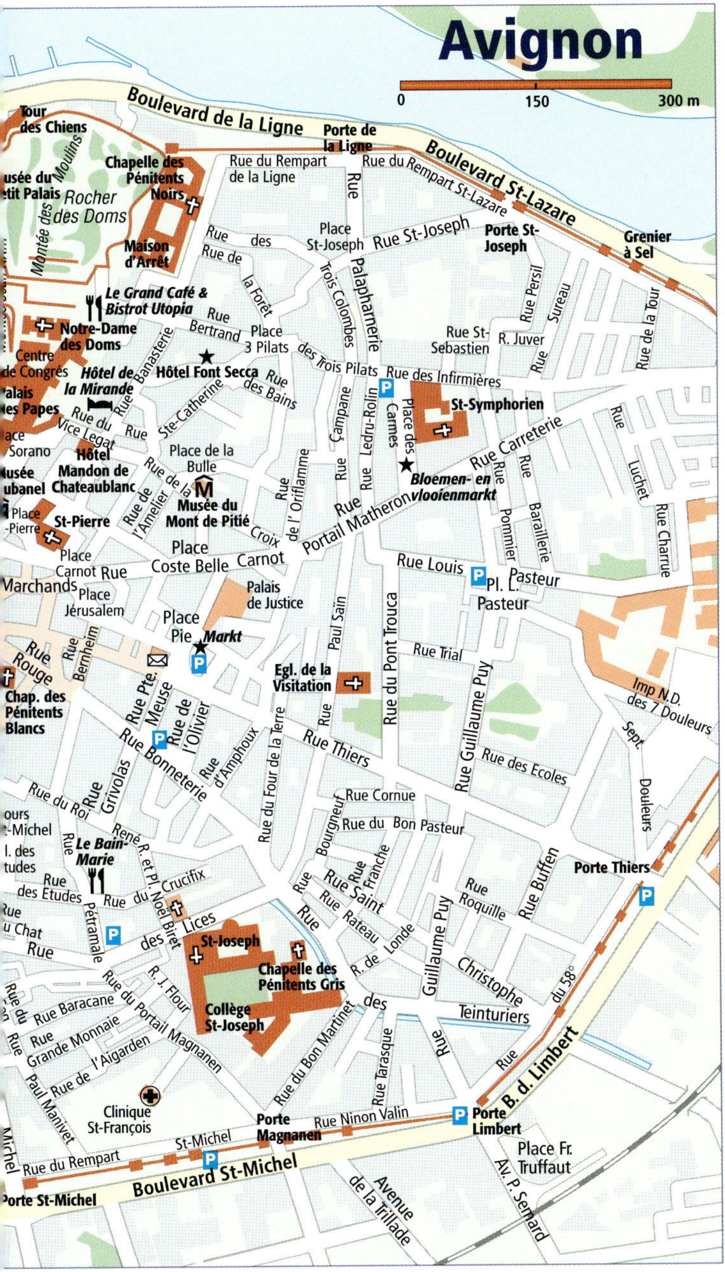
Avignon
0
150
300 m
Boulevard de la Ligne
Porte de la Ligne
Boulevard St-Lazare
Rue du Rempart St-Lazare
Rue du Rempart de la Ligne
Tour des Chiens
Chapelle des Pénitents Noirs
Rocher des Doms
Montée des Moulins
Maison d'Arrêt
Le Grand Café & Bistrot Utopia
Notre-Dame des Doms
Centre de Congrès
Hôtel de la Mirande
Hôtel Font Secca
Rue des Bains
Rue Banasterie
Rue du Vice Legat
Rue Ste-Catherine
Place de la Bulle
Hôtel Mandon de Chateaublanc
Musée du Mont de Pitié
Rue de l'Amelier
Rue de la Croix
St-Pierre
Place Carnot
Rue Carnot
Place Coste Belle
Palais de Justice
Place Jérusalem
Rue Bernheim
Rue Rouge
Chap. des Pénitents Blancs
Place Pie
Markt
Rue Pte. Meuse
Rue de l'Olivier
Rue d'Amphoux
Rue Bonneterie
Rue Grivolas
Rue du Roi René
Rue R. et Pl. Noël Biret
Le Bain-Marie
Rue des Etudes
Rue du Crucifix
Rue Pétramale
Rue des Lices
St-Joseph
Chapelle des Pénitents Gris
Collège St-Joseph
R. J. Flour
Rue du Portail Magnanen
Rue Baracane
Rue Grande Monnaie
Rue de l'Aigarden
Rue Paul Manivet
Clinique St-François
Rue du Rempart St-Michel
Porte St-Michel
Boulevard St-Michel
Porte Magnanen
Rue Ninon Valin
Porte Limbert
B. d. Limbert
Place Fr. Truffaut
Av. P. Semard
Avenue de la Trillade
Rue du Bon Martinet
Rue Tarasque
Rue des Teinturiers
Rue Guillaume Puy
Rue Christophe
R. de Londe
Rue Rateau
Rue Saint
Rue Franche
Rue Bourgneuf
Rue du Bon Pasteur
Rue Cornue
Rue Roquille
Rue Buffon
Rue du 58e
Porte Thiers
Rue Thiers
Rue des Ecoles
Rue Sept Douleurs
Imp N.D. des 7 Douleurs
Rue du Four de la Terre
Egl. de la Visitation
Rue Paul Saïn
Rue du Pont Trouca
Rue Trial
Rue Louis Pasteur
Pl. L. Pasteur
Rue Portail Matheron
Rue de l' Oriflamme
Rue Campane
Rue Ledru-Rollin
Place des Carmes
Bloemen- en vlooienmarkt
St-Symphorien
Rue Carreterie
Rue Pommier
Rue Barallerie
Rue Luchet
Rue Charrue
Rue des Infirmières
Rue des Trois Pilats
Place 3 Pilats
Rue Bertrand
Rue de la Forêt
Rue des Trois Colombes
Rue Palapharnerie
Place St-Joseph
Rue St-Joseph
Porte St-Joseph
Rue St-Sebastien
R. Juver
Rue Persil
Rue Sureau
Rue de la Tour
Grenier à Sel

Ile de la Barthelasse

de mooie tuin zijn een bezoek waard. In de vertrekken zijn meubilair, faiences, bronzen en schilderijen uit de 15e-20e eeuw tentoongesteld, met onder andere werken van Manet en Soutine.

Musée Angladon: 5, Rue Laboureur, www.angladon.com, wo.-zo. 13–18, juli-aug. tot 19, feestdagen 15–18 uur.
Deze in een particulier paleisje (met meubilair uit de 13e-18e eeuw) gehuisveste collectie bestaat uit schilderkunst uit de 19e-20e eeuw. Te zien zijn werken van Degas, Daumier, Van Gogh, Cézanne, Sisley, Picasso en Modigliani. De indrukwekkende vertrekken zijn rond twee binnenplaatsen gesitueerd.

Musée lapidaire: 27, Rue de la République, wo.-ma. 10–13, 14–18 uur.
Prachtige vondsten uit de Egyptische, Griekse en Gallo-Romeinse tijd, met onder andere de Venus van Pourriès en de Tarasque van Noves. Vroeger was dit een jezuïetenkapel.

Musée du Mont de Pitié:
6, Rue des Saluces, ma.-vr.
8.30–11.30, 13.30–17.30 uur.
In deze oudste lommerd van Frankrijk (1610) is geregistreerd wat men zoal kan belenen. Verder vindt u hier een tentoonstelling over het maken van zijde.

Palais du Roure: 3, Rue Collège du Roure, ma.-vr. 9–12, 14–17.30 uur, rondleiding di. 15 uur.
In dit Hôtel de Baroncelli-Javon (15e eeuw) is een aantrekkelijke collectie Provençaalse volkskunst te zien, zoals de koets van Frédéric Mistral.

Sport

Piscine Olympique des Arènes: (openluchtbad mei-sept.), Ile de la Barthelasse, tel. 04 90 82 54 25.

Fietsverhuur: Transhumance Voyages, Gare Routière (bij het busstation), tel. 04 90 95 57 81, mei-sept.
Ook stadsbezichtingen op het stalen ros.

Rondvaarten op de Rhône: Les Grands Bateaux de Provence, Allée de l'Oulle, tel. 04 90 85 62 25.
Tochten over de rivier (met / zonder eten) naar Villeneuve-lès-Avignon, Roquemaure, Arles, Châteauneuf-du-Pape en de Camargue.

Winkelen

Fayenne Pichon: 21, Place Crillon. 200 jaar oud familiebedrijf voor faiences uit Uzès.

Pâtisserie Mallard: 32, Rue des Marchands. Chocolade, bonbons, petits fours, maar ook hartigheden.

Markten:

Place Pie: di., zo. ochtend in Les Halles.

Rempart St-Michel: za., zo. ochtend in de open lucht.

Place des Carmes: za., bloemenmarkt; zo., vlooienmarkt.

Uitgaan

Bistrot Utopia: 4, Rue des Escaliers. Bar van de gelijknamige bioscoop, onder een dak met een wintertuin (naast restaurant Le Grand Café). Cultureel trefpunt van Avignon.

Feest en evenement

Festival d'Avignon: 4–26 juli, reserveringen: Bureau du Festival, tel. 04 90 14 14 14, www.festival-avignon.com

Belangrijkste theaterfestival van Frankrijk, met officiële voorstellingen in het Palais des Papes en het officieuze programma **Festival Off** (www.avignon-off.org).

Ban des Vendanges: 6 sept., feest voor het begin van de druivenoogst.

Fête des Côtes du Rhône primeur: derde do. van nov., wijnfeest voor de nieuwe Côtes du Rhône.

Office de Tourisme: 41, Cours Jean-Jaurès, 84000 Avignon, tel. 04 32 74 32 74, www.ot-avignon.fr

De Avignon-pas geeft korting in musea, monumenten en sommige vormen van openbaar vervoer.

Hôtel Mignon: 12, Rue Joseph-Vernet, tel. 04 90 82 17 30, fax 04 90 85 78 46, www.hotel-mignon.com, 2 pk vanaf € 37.

Gunstig gelegen, met pluche ingerichte kamers, sympathieke eigenaar.

Hôtel de l'Atelier: 5, Rue de la Foire, tel. 04 90 25 01 84, fax 04 90 25 80 06, nov.-half dec. gesl., 2 pk vanaf € 45.

De ontwerper, een kardinaal, hield van afgescheiden hoekjes. Een favoriete locatie voor een wandelingetje is de enigszins verwilderde *jardin secret*. Het krakende trappenhuis en de mooie kamers creëeren een knusse sfeer.

Hôtel La Garlande: 20, Rue Galante, tel. 04 90 85 08 85, fax 04 90 27 16 58, 's winters zo. gesl., 2 pk vanaf € 52. Dit hotel in een oud herenhuis in de

De juiste hoed

Liefst 18 verschillende panamamodellen! Niet meer en niet minder staan er in de in 1860 geopende hoedenwinkel. De meeste zijn goed zichtbaar in de etalage gezet, met daarboven in gouden letters: Mouret. Dat moet genoeg zijn. Vindt althans de jongste telg van de hoedenmakersdynastie, Vincent Mouret. 'Wij runnen de enige hoedenwinkel ter wereld die onder monumentenzorg valt,' zegt hij en hij helpt een rekruut bij het uitzoeken van de juiste baret. Vilthoeden, alpinopetten, hoofddeksels voor militairen, handschoentjes voor de bruid: u vindt het allemaal in de winkel die de afmetingen van een hoedendoos heeft. *Chapeau bas!*

Mouret Chapelier, 20, Rue des Marchands, tel. 04 90 85 39 38.

Wijnverkoop -en proeven

La Bouteillerie biedt een jaarlijks wisselend assortiment Rhônewijnen tegen aangename prijzen. Joachim Autard, eigenaar van de zaak en enoloog met een diploma van de Université du Vin in Suze-la-Rousse op zak, heeft al zijn wijnen blind geproefd. Apropos: voor een glas wijn betaalt u hier € 1,50–4, wijnproeverijen kosten € 5.80.
La Bouteillerie, Palais des Papes, tel. 04 90 27 50 85.

binnenstad drijft op de resolute, vriendelijke eigenaresse.
Hôtel du Cloitre St-Louis: Rue du Portail-Boquier, tel. 04 90 27 55 55, fax 04 90 82 24 01, 2 pk vanaf € 92.
Hier slaapt u in cellen waar vroeger monniken woonden, met uitzicht op de kruisgang. De fontein op de barokke binnenplaats van het klooster is omringd met platanen.
Hôtel d'Europe: Pl. Crillon, tel. 04 90 82 66 92, fax 04 90 85 43 66, www.hotel-d-europe.fr, 2 pk vanaf € 125.
In dit gerenommeerde onderkomen zijn de rond een schaduwrijke patio gesitueerde kamers met veel antiek ingericht. Alles is hier even luxueus.
Hôtel de la Mirande: 4, Pl. de la Mirande, tel. 04 90 85 93 93, fax 04 90 86 26 85, www.la-mirande.fr, 2 pk vanaf € 280.
Salons en kamers ademen de chic van de tijd van het *ancien régime*. Zelfs de omgeving klopt – de groentetuin van Urbanus V ligt vlakbij, in Villeneuve-lès-Avignon.
Camping: diverse terreinen op Ile de la Barthelasse, op aangename afstand van het rumoer van de stad, waaronder:
Camping Municipal du Pont d'Avignon: tel. 04 90 80 63 50, www.camping-avignon.com, Pasen-okt.
Schaduwrijk terrein.

Le Vernet: 58, Rue Joseph-Vernet, tel. 04 90 86 64 53, www.levernet.fr, dec.-jan. gesl., menu € 19.
Na bezichtiging van Palais en kerken kunt u hier in de tuin lekker eten. Men serveert de degelijke Franse keuken.
Le Grand Café: La Manutention, Cours Maria-Casarès, tel. 04 90 86 86 77, zo., ma. gesl., menu € 17–30.
De circa 5 m hoge zaal oogt als een soort pakhuis. Op de kaart staan Provençaalse klassiekers met veel mediterrane accenten, zoals de lams-tajine met abrikozen.
Le Bain-Marie: 5, Rue Pétramale, tel. 04 90 85 21 37, za. middag, zo., ma. middag gesl., menu vanaf € 23.
Knusse binnenplaats met terras en veel groen. Moeder en dochter Viaud bedienen aan tafel, zoonlief staat achter het fornuis: een aangenaam familiebedrijf.
La Compagnie des Comptoirs: 83, Rue Joseph-Vernet, tel. 04 90 85 99 04, à la carte € 40.
Dineren op de binnenplaats van een barok college: chic designrestaurant, sinds kort gerund door de tweelingbroers Pourcel, meesterkoks uit Montpellier. Modernste etablissement van de stad.
L'Isle Sonnante: 7, Rue Racine, tel. 04 90 82 56 01, zo., ma. gesl., menu ca. € 50.
Kleine bistro met heerlijke gerechten.

Vooral de dorade op haricots verts en de asperges met hamsaus zijn het proberen meer dan waard.

Trein: station, Bd. St-Roch. TGV naar Parijs (drie uur en 20 min.) en Genève. Veel regionale verbindingen. Tel. 08 36 35 35 35.
Bus: busstation, Bd. St-Roch. Bussen naar Aix, L'Isle-sur-la-Sorgue, Nîmes, Carpentras, Cavaillon. Stadsbus: informatie en buskaartjes bij Espace Bus, Pl. Pie, tel. 04 90 85 44 93 en Tourelle, Porte de la République, tel. 04 90 82 68 19.

Uitstapjes

Villeneuve-lès-Avignon (A 4): de meeste bezoekers komen naar Villeneuve omdat het uitzicht op Avignon hier het mooist is. Sinds het kartuizerklooster is verbouwd tot cultureel centrum, gaan ook steeds meer mensen het dorp zelf in, maar zo druk als in Avignon is het hier niet. Overnachten en uit eten is hier minder duur, en met de bus bent u in tien minuten in Avignon.

Les Baux-de-Provence (B 5)

Les Baux (500 inwoners) is Provençaals voor 'witte berg' en de tafelberg waarop dit dorpje met zijn burcht ligt, is inderdaad heel licht van kleur. Bij helder weer reikt het uitzicht tot de Camargue en de Cevennen. Cocteau koos dit magische dorpje als locatie om zijn 'Le Testament d'Orphée' op te nemen. Voor zo veel schoonheid moet betaald worden: de hotels en restaurants zijn duur en zelfs parkeren kan hier nergens gratis.

Bezienswaardigheden

Versterkt dorp: langs de twee parallel aan de bergkam lopende straatjes rijgen de herenhuizen zich aaneen. Het uitzicht op de Alpilles is prachtig.
Château: www.chateau-baux-provence.com, mrt.-nov. dag. 9–19.30, 's zomers tot 21.30, in de herfst tot 18, anders tot 17 uur.
De burcht is gedeeltelijk in de rots uitgehouwen. Het best bewaard is de

Geheimzinnig, magisch – Les Baux-de-Provence

donjon. In de kapel zijn audiovisuele exposities over de Provence te zien. De belegeringswerktuigen zijn gereconstrueerd.

Musée des Santons: Ancien Hôtel de Ville, dag. 10–12.30, 14–18.30, 's winters wo.-ma. tot 17 uur. Kerststalletjes uit de Provence.

Musée d'Art moderne-Fondation Yves Brayer: dag. 10–12.30, 14–18.30, 's winters wo.-ma. tot 17 uur. Hedendaagse kunst van Brayer in het Hôtel des Porcellets (1569). Brayer vervaardigde ook de wandschilderingen in de Chapelle des Pénitents-Blancs, net om de hoek.

Musée d'Histoire: dag. 9–18, 's zomers tot 20.30 uur. Plaatselijke geschiedenis, in Maison La Tour du Brau (14e eeuw).

Fondation Louis Jou: Grand-Rue, op afspraak, tel. 04 90 54 34 17. Incunabelen, gravures en etsen van Dürer, Rembrandt en Goya in het 16e-eeuwse paleisje Hôtel de Brion.

Sport

Wandelen: het langeafstandswandelpad GR 6 leidt in oostelijke richting naar Eygalières (zie blz. 72) en in westelijke richting naar Fontvieille – beide plaatsen zijn een dag lopen.

Winkelen

Mas Ste-Berthe: aan de voet van de burcht. Volle *cuvées* (rode wijnen) van de AOC Les Baux-de-Provence.

Feest en evenement

La Cathédrale d'Images: D 27, tel. 04 90 54 38 65, www.cathedrale-images.com, mrt.-sept. dag. 10–19, okt.-dec. dag. 10–18 uur. In de ondergrondse ruimte van een voormalige steengroeve wordt met 40 projectors een *image totale* gecreëerd – experimentele lichtshows met jaarlijks wisselende thema's.

Festival de piano: juni, pianoconcerten.

Fête de la St-Jean: op Johannesdag (juni), met nachtelijk vuur.

Salon des Vins AOC de la Vallée des Baux: 9–10 nov., wijnbouwfeest in de burcht (zie blz. 20).

Fête du Pastrage: 24 dec., schaapherdersfeest in de Église de St-Vincent.

Office de Tourisme: Ilot Post-Tenebras-Lux, 13520 Les Baux-de-Provence, tel. 04 90 54 34 39, fax 04 90 54 51 15. Verkoop van wandelkaarten voor de Alpilles.

Le Mas Predon: Av. d'Arles, St-Etienne-du-Grès, 10 km westelijker, tel./fax 04 90 49 12 37, www.mas-predon.com, 2 pk € 71–76. Twee chambres d'hôtes en een kleine woning (minimumverblijf: twee dagen) op het terrein van een *mas* (Provençaalse boerderij). Tuin, salon en keuken. Ideale uitvalsbasis voor wandelingen in de Alpilles: de GR 6 is vlakbij.

La Benvengudo: Vallon d'Arcole, tel. 04 90 54 32 54, fax 04 90 54 42 58, half mrt.-okt., 2 pk vanaf € 137. Herenhuis te midden van wijnranken, ver van de toeristische drukte. Provençaalse inrichting; tuin en zwembad.

La Cabro d'Or: Val d'Enfer, tel. 04 90 54 33 21, fax 04 90 54 45 98, www.lacabrodor.com, 2 pk vanaf € 254; restaurant: buiten het hoogseizoen ma., di. middag en nov.-dec. gesl., menu € 36 (ma.-vr. middag)-75. Chic adres, te midden van een mooie rozentuin. De luxe is weldadig, de service perfect. In het restaurant kookt de nieuwe chef-kok Alain Lamaison op zijn Provençaals, zoals *salade de langoustines* en *daube provençale*.

Le Riboto de Taven: Val d'Enfer, tel. 04 90 54 34 23, alleen 's avonds, wo. en jan.-eind feb. gesl., menu € 46.
Dit restaurant is een klassieker. De sfeer is betoverend, de prijzen zijn enorm, maar de kreeft met rode Camargue-rijst is beslist tongstrelend.

Hoogtepunt 5

Les Alpilles (B 5): deze heuvelrug is een 25 km lang, sprookjesachtig mooi stukje Provence tussen de Durance en de Rhône. Op de flanken van de tot 500 m hoge toppen groeien amandel- en olijfbomen en wijnstokken. Vooral het ruïnedorp Eygalières (zie blz. 72) is bijzonder schilderachtig.

Beaucaire (A 5)

In 1464 werd in Beaucaire (13.500 inwoners) ter gelegenheid van het feest voor de Heilige Magdalena voor het eerst een handelsbeurs gehouden. Dankzij de Foire de la Ste-Madeleine, een van de belangrijkste beurzen van Europa, verliep de handel in de Rhônestad eeuwenlang gladjes, hetgeen ook de inwoners van de stad ten goede kwam. De gefortuneerde burgers lieten prachtige huizen bouwen, iets waar Beaucaire tot de dag van vandaag plezier van heeft. Tegenwoordig is de beurs alleen nog maar een volksfeest en is Beaucaire vooral een bezoek waard voor een wandeling langs de Rhône of het Canal du Rhône à Sète.

Bezienswaardigheden

Château: mei-sept. wo.-ma. 10–12, 14.15–18.45, anders 10.15–12, 14–17.15 uur.
Het best bewaarde deel van de burcht is de 25 m hoge toren die over de Rhône uitziet (prachtig uitzicht!). Roofvogeldemonstraties (met adelaars, valken en gieren, www.aigles-de-beaucaire.com) tussen Pasen en Allerheiligen, 's middags behalve wo.

Hôtel de Ville: onder koninklijke verantwoordelijkheid voltooid barok gebouw (1679–1683).

Le Monde merveilleux de Daudet: Rue des Anciens-Combattants, Pasen tot Allerheiligen dag. 10–18, 's zomers tot 19 uur.
Levendige enscenering van de grappige verhalen van Daudet.

Winkelen

Markt: do., zo. Cours Gambetta en voor het stadhuis.

Rommelmarkt: eerste en derde vr. van de maand.

Feest en evenement

Fête du Drac: begin juni, driedaags volksfeest rond de draak van Beaucaire.

Les Estivales: vanaf 21 juli, enorm volksfeest met rommelmarkt, presentaties van wijnboeren, kunstnijverheidsmarkt en stierenvechten.

Office de Tourisme: 24, Cours Gambetta, 30300 Beaucaire, tel. 04 66 59 26 57, fax 04 66 59 68 51, www.ot-beaucaire.fr

Hôtel Les Doctrinaires: Quai Général de Gaulle, tel. 04 66 59 23 70, fax 04 66 59 22 26, half dec.-half jan. gesl., 2 pk vanaf € 52.
Mooi 17e-eeuwse bouwwerk aan het

Canal du Rhône. Binnenplaats met bomen. Het chique restaurant, St-Romain (menu € 16–40) heeft een mooi gewelf.

Domaine des Clos: Rte. de Bellegarde (D 38, ten zuidwesten van Beaucaire), tel. 04 66 01 14 61, fax 04 66 01 00 47, www.domaine-des-clos.com, 2 pk vanaf € 53, woning vanaf € 390 per week.

Vijf chambres d'hôtes, twee suites en vier woningen op een statig landgoed, te midden van wijnranken en boomgaarden. Chic-rustieke ambiance. Zwembad en tuin.

Trein: station, Rte. de St-Gilles. Treinen naar Nîmes en Avignon. Tel. 08 36 35 35 35.

Uitstapjes

St-Gilles (kaartje Camargue): aangenaam stadje aan het Canal du Rhône (25 km zuidelijker) en daarom een populaire aanlegplaats voor boottoeristen. Attractie is de romaanse abdijkerk, waarvan de gevel (12e eeuw) aan de antieke bouwwerken in Orange, St-Rémy en Arles doet denken. De plaats ligt aan de Sint-Jacob-pelgrimsroute, die op de UNESCO-lijst van culturele erfgoederen staat.

Bollène (A 2)

Bij Bollène (14.000 inwoners) begint het *Pays de l'abricot*, het land waar de abrikozen groeien. Het kleine stadje ligt op respectabele afstand van de linkeroever van de Rhône. Op de andere oever zijn de kerncentrale en het industrieterrein Eurodif de grootste werkgevers van de streek. In het frisse, provinciale Bollène ziet u daar echter helemaal niets van.

Bezienswaardigheden

Collégiale St-Martin: van de kerk (11e-16e eeuw) op de Le Puy kijkt u uit over de hele stad, de Rhône en de heuvels van de Drôme provençale.

Sport

Fietsen: Bollène heeft zichzelf tot 'stad van de fiets' benoemd. Gratis routebeschrijvingen van de tien tochten in en rond de plaats zijn te verkrijgen bij het Office de Tourisme.

Winkelen

Markt: ma., grote Provençaalse markt.

Feest en evenement

Fête votive: eerste weekend van juli, patronaatsfeest met beurs, processie en muziek.

Fête provençale: sept., folklore.

Marché de Noël: dec., kerstmarkt.

Office de Tourisme: Pl. Reynaud-de-la-Gardette, 84500 Bollène, tel. 04 90 40 51 45.

Château de Rocher: 42, Av. E. Lachaux, Rte. de Suze-la-Rousse (ten oosten van Bollène), tel. 04 90 40 09 09, fax 04 90 40 09 30, www.lechateaudurocher.com, 2 pk € 49–66.

Rond dit 18e-eeuwse gebouw ligt een 4 ha groot wildpark. De kamers zijn ruim, het restaurant (La Belle Ecluse) is niet goedkoop: menu € 18 (ma.-vr. middag)–41.

Château de Rochegude: 26790 Rochegude, tel. 04 75 97 21 10, fax 04 75 04 89 87, nov. gesl., 2 pk vanaf € 250.

Chicste hotel (29 kamers) in deze streek, met wijngaarden en een 10 ha groot park. Het uitstekende restaurant serveert 's winters een truffelmenu.

Le Tisonnier: Vieille ville, 26700 La Garde-Adhémar, tel. 04 75 04 44 03, wo., do. avond, zo. gesl. (juli-aug. alleen zo. gesl.), menu vanaf € 16.
Aangenaam etablissement, waarvan de eetzaal in jaren-vijftigstijl is ingericht. Het buffet biedt een grote keuze, de voordelige menu's hebben een regionale inslag en wijn is inbegrepen.

Lou Bergamoutié: Rue Abbé Prompsault, tel. 04 90 40 10 33, zo. avond, ma. gesl., menu € 24–50.
Beste restaurant van Bollène. Het aanbod van de markt bepaalt het menu.

Uitstapjes

La Garde-Adhémar (A 1): dit dorp ligt als een arendsnest met uitzicht naar alle kanten hoog boven het Rhônedal. Aan de voet van het dorp begint de Val des Nymphes (D 472), een stil dal met een verscholen romaanse kapel.

Barry (A 1): dit verlaten grottendorp (richting St-Paul-Trois-Châteaux) vormt samen met de burchtruïne een romantisch plaatje.

Mornas (A 2): wijnbouwdorp aan de oever van de Rhône (ten zuiden van Bollène), met stadsmuren, burchtruïne en veel sfeer – ondanks de nabije autosnelweg en rijksweg 7 die Mornas tegen de rotsen lijken te drukken.

Bonnieux (D 5)

De schoonheid van Bonnieux (1400 inwoners) is al van verre te zien: als u vanuit Lourmarin komt aanrijden, lijken de huizen als rotsblokken tegen de bergwand te liggen (zie Extra-route 3, blz. 113). Een nadere beschouwing doet niets aan die eerste indruk af. Het drukst is het op Place Carnot. Een klim naar het uitzichtpunt, het hoogste punt van het dorp, is beslist de moeite waard vanwege het schitterende uitzicht op de Petit Lubéron.

Bezienswaardigheden

Eglise vieille: hier stond in de Gallo-Romeinse tijd al een vesting. Rond het ommuurde kerkhof hangt de geur van

Bonnieux – alsof Van Gogh het heeft geschilderd

eeuwenoude blauwsparren. Vanaf het uitzichtpunt kunt u naar het nabijgelegen dorp Lacoste kijken.
Musée de la Boulangerie:
12, Rue de la République,
juni-sept. wo.-ma 10–12,
15–18.30 uur, okt. alleen za., zo.
Bakkersmuseum met bakvormen, ovens en gravures.

Sport

Fietsen: ideaal voor fietsers met een gemiddelde conditie is het langeafstandsfietspad door de Lubéron. Informatie kunt u krijgen bij Vélo Loisir, 04280 Céreste, tel. 04 92 79 05 82, vll@pacwan.fr
Fietsverhuur: Les Roues du Lubéron, Café de la Gare, tel. 04 90 75 82 00, www.lesrouesduluberon.com

Winkelen

Château La Canorgue:
Rte. du Pont-Julien (D 149), tel.
04 90 75 81 01, apr.-okt. ma.-za.
9–12, 15–17 uur, anders of afspraak.
Wijnen van de AOC Côtes du Lubéron. Uitgebalanceerde rosés en witte wijnen met het aroma van wilde rozen, en rode wijnen met het aroma van kruiden en rode vruchten.
Cave de Bonnieux: Quartier de la Gare, D 36, tel. 04 90 75 80 03,
ma.-za. 9–12, 14–18 uur.
Wijnen van de AOC Côtes du Lubéron van het vat *(en vrac)*; u kunt hier ook flessen laten vullen. Tip: Cuvée La Baume d'Estelan.
Pâtisserie Henri Thomas: 7, Rue de la République, tel. 04 90 75 85 52.
Dorpsbakkerij met *salon de thé*: velen komen hier vanwege de *galette provençale* (met noga- en amandelcrème gevuld gebak).
Markt: vr.-ochtend, de kleurrijkste markt in de Lubéron.

Office de Tourisme: Pl. Carnot, 84480 Bonnieux, tel.
04 90 75 91 90, fax 04 90 75 92 94

Le Clos du Buis: Rue Victor Hugo, 84480 Bonnieux, tel.
04 90 75 88 48, fax 04 90 75 88 57,
www.luberon-news.com/le-clos-du-buis, 2 pk (chambre d'hôtes) vanaf € 67 (incl. ontbijt).
Eigenaar Pierre Maurin is kok op een ambassade geweest. Ruime en comfortabele kamers. Salon met open haard, tuin en zwembad.
Auberge de l'Aiguebrun: Domaine de la Tour, tel. 04 90 04 47 00, fax
04 90 04 47 01, half nov.-feb. gesl.,
2 pk vanaf € 130.
Dit landhuis ligt in een dal buiten Bonnieux. Stijlvolle inrichting, vriendelijke ontvangst.

Café de la Gare: Chemin de la Gare (D 36, 5 km noordwestelijker), tel. 04 90 75 82 00, zo.-avond, ma. en jan.-half feb. gesl., za., zo. en 's avonds alleen na reservering, menu € 19–26.
Een gelegenheid die zich niet aan de toeristische route bevindt. Opvallend goedkoop lunchmenu (€ 11, ma.-vr.) en voor het diner staan betrouwbare klassiekers op de kaart, zoals lamscarré met peterselie.
Le Fournil: 5, Pl. Carnot, tel.
04 90 75 83 62, ma., di. en dec.-jan. gesl., 's zomers za.-middag gesl.,
menu € 25–35.
Prima dorpsrestaurant met aan de achterzijde rotsen (de eetzaal is in de rots uitgehouwen) en aan de voorzijde een fontein. Gegrilde vis met knoflookpuree, linzensoep met foie gras… heerlijk.
Café Clérici: Pl. du 4 Septembre,
tel. 04 90 75 82 20.

Aan de bar de drinkebroers van de hele Lubéron, erachter een fidele waard. Een dorpscafé van de uitstervende soort, nostalgie pur sang.

Uitstapjes

Forêt des Cèdres (D 5): te bereiken via de D 36 richting Lourmarin, na 2 km ziet u rechts een bordje.
De Atlasceders werden in 1860 op dit plateau geplant en vormen nu een aangenaam koel 'sprookjesbos' voor wandelingen en picknicks.

Buoux (D 4)

Dit piepkleine dorpje is een ideale uitvalsbasis voor wandelaars (langeafstandswandelpad GR 9, rotsen, zie Extra-route 3, blz. 113). Bij het fort bevinden zich 200 laat-middeleeuwse rotsgraven van een vroeger dorp. Het barokkerkje verrast met een vroegchristelijk altaar, dat ook uit de oude nederzetting komt.

Auberge des Seguins: Vallée de l'Aiguebrun, D 113, 84480 Buoux, tel. 04 90 74 16 37, fax 04 90 74 03 26, half nov.-1 mrt. gesl., 2 pk vanaf € 55.
Dit hotel bevindt zich op een adembenemende locatie: erachter verheft zich een rotswand en ervoor bruist de Aiguebrun. Eenvoudige, nette kamers. Zwembad.

Auberge de la Loube: tel. 04 90 74 19 58, ma., di. en jan.-feb. gesl., menu € 21–30.
Op een zeer afgelegen plek in Buoux is een plattelandsrestaurant gevestigd: Maurice Leporati kookt er de heerlijkste *estouffade d'agneau du Lubéron* (lamsragout). Vlakbij bevindt zich zijn verzameling koetsjes en paardentuig – u kunt hem geen grote plezier doen dan na de maaltijd om een bezichtiging te vragen.

Carpentras (C 3)

Om de oude stad heen staan middeleeuwse muren; waar die ingestort zijn, liggen met platanen omzoomde boulevards. Ooit, toen de pausen in Avignon zetelden, was Carpentras (24.000 inwoners) de hoofdstad van het Comtat Venaissin – van die tijd dateren de vele mooie gebouwen. Nu is het stadje het centrum van een door en door agrarisch gebied. De vrijdagmarkt is een van de beste van de hele Provence; 's winters is er ook een truffelmarkt.

Bezienswaardigheden

St-Siffren: dag. 9–18 uur.
Dit is een van de weinige gotische kathedralen van de Provence. Ten noorden ervan staat de Porte Romaine, het enige Romeinse bouwwerk in Carpentras.
Synagoge: Pl. de l'Hôtel de Ville, ma.-do. 10–12, 15–17, vr. tot 16 uur.
Dit is een van de oudste synagoges van Frankrijk (1367). De gebedszaal dateert van de 18e eeuw.
Hôtel-Dieu: Av. Victor Hugo, ma., wo., do. 9–11.30 uur.
Dit laat-barokke ziekenhuis heeft een elegant binnenplaats (met fontein) en een mooi bewaard gebleven apotheek.
Porte d'Orange: deze stadspoort dateert van de 14e eeuw.

Sport

Fietsen: in het nabijgelegen Pays des Sorgues (zie Extra-route 2, blz. 110) met zijn glooiende heuvels is het aangenaam fietsen.

Fietsverhuur: Les Routes du Ventoux, Av. Victor-Hugo, tel. 04 90 67 07 40.

Winkelen

Coopérative Oléicole La Colombe: 84570 Malmort du Comtat, via Mazan (D 942), ten oosten van Carpentras, te bereiken. Olijfolie!

Markten:

Allées Jean Jaurès: vr. ochtend, notenolie, *berlingots* (bonbons), boerenkaas, huishoudelijke artikelen, stoffen en nog veel meer.

Place Aristide Briand: vr. ochtend van dec.-feb. Truffelmarkt.

Feest en evenement

Salon de la Truffe: tweede weekend van feb. Tentoonstelling over de truffel en een demonstratie van de *cavage* met honden en varkens.

Festival des saveurs provençales: aug., culinair feest met proeverij.

Salon des Santonniers: zie blz. 20.

Meubelrestauratie

Wie na de vijf dagen Le Mas des Acacias verlaat, mag zichzelf restaurateur noemen. Alain Meynard, afgestudeerd aan de Ecole Supérieure d'Ebénistérie d'Avignon, en Alain Ossart, een ervaren grootheid op de rommelmarkten van de noordelijke Provence, maken in woord en daad duidelijk hoe u klemmende laden weer laat schuiven of het golven van een fineerblad tot staan brengt.

Association Etre et Faire, Le Mas des Acacias, 1380, Av. Eisenhower, Carpentras, tel./fax 04 90 60 04 54, www.vieuxbois.surinternet.net, vijfdaagse cursus € 450.

Office de Tourisme: 170, av. Jean-Jaurès, 84200 Carpentras, tel. 04 90 63 00 78, fax 04 90 60 41 02, www.ville-carpentras.fr

Hôtel du Fiacre: 153, Rue Vigne, tel. 04 90 63 03 15, fax 04 90 60 49 73, www.hotel-du-fiacre.com, 2 pk vanaf € 45.
Dit voormalige klooster is een schoolvoorbeeld van de degelijke Franse hotellerie. Uiteraard is er een schouw en staat het vol met antiek.

Le Comtadin: 65, Av. Albin-Durand, tel. 04 90 67 75 00, fax 04 90 67 75 01, eind dec.-eind jan. gesl., 2 pk vanaf € 58.
Dit 18e-eeuws paleisje staat aan de ringboulevard rond het centrum. De rustigere kamers zien uit over de patio.

Chez Serge: 90, Rue Cottier, tel. 04 90 63 21 24, zo., ma. gesl., menu € 11 (' s middags)–21.
Meest trendy restaurant van Carpentras, maar wel bijzonder sfeervol.

L'Atelier de Pierre: 30, Pl. de l'Horloge, tel. 04 90 60 75 00, zo., ma. gesl. menu € 23–60.
Het grijze houtbeschot aan de gevel geeft al aan dat u hier chic uit eten gaat. Specialiteiten zijn de konijnenterrine met noten en de verse foie gras met appelcompote.

Bus: tot 16 bussen per dag naar Avignon. Inlichtingen bij het Office de Tourisme.

Uitstapjes

Sault en de Gorges de la Nesque (D/E 3): alleen al de rit naar Sault toe, door de spectaculaire Gorges de la Nesque, is een belevenis. Dit dorpje ten zuidoosten van de Mont Ventoux is niet alleen op marktdagen (wo.) een bezoek waard, want het kasteel, het renaissancepaleis, de bossen en de noga zijn er elke dag. De beste noga vindt u bij Confiserie André Boyer (Portes des Aires). '*Le vrai nougat de Sault*' is een zachte noga van lavendelhoning, gebrande amandelen en Bourbon-vanille.

6 Hoogtepunt

Mont Ventoux (D 2): de beklimming van deze 1909 m hoge berg maakt al sinds de reisverslagen van de humanist Petrarca deel uit van bijna elke reis door de Provence. Begin de beklimming in het gehucht Bédoin, op de zuidelijke helling van de berg (volg de borden GR 91B). Het eerste deel is heel zwaar, ook al wordt u tegen de zon beschermd door een dicht naaldbos. Daarna gaat het comfortabel naar het oosten, maar bij het Massif des Cèdres wordt het weer zwaar, want het pad gaat onafgebroken omhoog.
Het alternatief: met de auto vanuit Malaucène via de D 974 naar de Col des Tempêtes. Op de 'berg van de stormen' waaien vaak winden van meer dan 200 km/u. De weg kan wel tot Pasen dicht zijn vanwege de gladheid!

Cavaillon (C 4/5)

De triomfboog op Place du Clos bewijst dat Cavaillon (23.000 inwoners) al in de Romeinse tijd bestond. Daarmee zijn de sporen uit de Oudheid dan ook gelijk bezichtigd. Het stadje aan de westelijke rand van de Lubéron leeft vooral van de fruitteelt. Van hetgeen de vruchtbare bodem opbrengt en in alle vroegte op de groothandelsmarkt wordt verkocht, hangen in het hoogseizoen meer dan 2000 arbeidsplaatsen af. Exportproduct nummer één is '*le melon de Cavaillon*'. Al sinds de 15e eeuw wordt deze honingzoete, en om zijn oranjekleurige, stevige en sappige vruchtvlees geroemde vrucht rond Cavaillon verbouwd (zie Extraroute 2, blz. 110).

Bezienswaardigheden

Arc romain: prachtig versierde Romeinse triomfboog uit de 1e eeuw.
Synagoge: Rue Hébraique, apr.-sept. zo.-vr. 9.30–12.30, 14.30–18.30, anders tot 17 uur.
Deze sierlijk ingerichte barokke synagoge stamt uit de 17e eeuw. In de voormalige bakkerij maakt Musée juif de geschiedenis van de joodse gemeenschap aanschouwelijk.
Chapelle St-Jacques: deze kapel staat langs de weg die naar de gelijknamige berg ten oosten van de stad voert (vanaf Place François-Tourel). Op de top hebt u uitzicht op de Lubéron, de Alpilles en de Mont Ventoux.

Winkelen

Moulin à Olives Mathieu:
Rte. du Four Neuf (1 km van het oude dorp), 84580 Oppède, ma.-za.
Uitstekende olijfolie.

Uitgaan

La Fin du siècle:
46, Pl. du Clos, di., wo. gesl.
Een van de mooiste belle-époque-bars van de Provence, die dan ook onder monumentenzorg valt. Goedkope lunch (menu € 15).

Feest en evenement

Melon en fêtes: weekend rond 14 juli. Meloenmarkt, beurs in de kathedraal, bezichtigingen bij meloenboeren, optredens van de ridders van de orde

Le Roi du Melon

'Koning van de meloenen' wordt Jean-Jacques Prévôt genoemd, omdat de kaart van de chef-kok van half mei tot half sept. getooid is met een meloenmenu: meloen, meloen en nog eens meloen.
Restaurant Prévôt, 353, Av. de Verdun, tel. 04 90 71 32 43, zo., ma. en twee weken in aug. gesl., menu € 40.

'*du melon de Cavaillon*' en meloenmenu's in de restaurants. Inlichtingen op tel. 04 90 71 42 99.

Office de Tourisme: Pl. François-Tourel, 84300 Cavaillon, tel. 04 90 71 32 01.

Le Parc: Pl. François-Tourel, tel. 04 90 71 57 78, fax 04 90 76 10 35, 2 pk vanaf € 38. Een onverwoestbaar en centraal gelegen provinciehotel. Sommige kamers zouden wel wat opgeknapt mogen worden. Hoogtepunten zijn de kamers met uitzicht op het park en de veranda waar het ontbijt wordt geserveerd.

Trein: station, Av. du Maréchal-Joffre. Treinen naar Avignon, Aix, Salon-de-Provence. Tel. 08 36 35 35 35.
Bus: 2 x per dag bussen op de lijn Avignon-Apt-Digne. Vervoerbedrijf Villardo-Bernard, tel. 04 90 74 36 10.

Uitstapjes

Oppède-le-Vieux (C 5): dit ruïnedorp (kasteel, kerk) en zijn schilderachtige ligging zijn het meest gefotografeerde stukje Lubéron. Voor wandelaars (GR 6 naar Mérindol en de Régalon-kloof) zijn 's zomers rustplaatsen ingericht.

Châteauneuf-du-Pape (B 3)

De burcht van paus Johannes XXII is al lang tot ruïne vervallen. De wijnhuizen in de plaats (2000 inwoners) zien er echter des te chiquer uit, wat ook logisch is als u weet dat een goede

De Châteauneuf-du-Pape is de bekendste wijn van de Rhône-oever

Châteauneuf-du-Pape minstens € 15 kost. Sinds 70 jaar mag de wijn uit deze streek het AOC-predikaat dragen. Kenmerkend voor deze wijnen is de dieprode kleur. Ook de witte wijnen zijn uitstekend. Men gebruikt in dit wijngebied 13 soorten druiven, allemaal van de allerbeste kwaliteit.

Bezienswaardigheden

Château: van het zomerverblijf van de pausen van Avignon (14e eeuw) resteren slechts de donjon en één muur.

Musée du Pére Anselm: Rte. d'Avignon, juni-sept. 9–18, anders 9–12, 14–18 uur.
Klein wijnbouwersmuseum in een oude wijnkelder. Gratis toegang.

Winkelen

Le Clos des Papes: 13, Av. Pierre-de-Luxembourg, ma.-vr. 8–12, 14–18 uur.
Wijn. Tip: rode wijn uit 1996, witte wijn uit 2001.

Château de la Nerthe:
Rte. de Sorgues, 9–12, 14–18 uur.
Wijn in 17e-eeuwse kelders. Tip: Cuvée Clos de Beauvenir uit 1995!

Chocolaterie Castelain:
Rte. de Sorgues, Quartier Cansaud.
Bonbons en chocolaatjes. Vooral de '*bouchons de Châteauneuf*' met een brandewijnvulling zijn heerlijk.

Feest en evenement

Marché artisanal: juli, kunstnijverheidsmarkt tijdens het patronaatsfeest.

Ban des Vendanges: sept., wijnoogstfeest.

Salon des antiquaires: nov., antiekbeurs.

La Véraison: 1–3 aug., zie blz. 19.

Office de Tourisme: Pl. de la Fontaine, 84230 Châteauneuf-du-Pape, tel. 04 90 83 71 08.

La Sommellerie: Rte. de Roquemaure (D 17), tel. 04 90 83 50 00, fax 04 90 83 51 85, www.hotel-de-sommellerie.com, apr.-begin nov., 2 pk vanaf € 80.
Landhuis met comfortabele kamers rond de tuin en het zwembad. Châteauneuf-du-Pape verplicht: de kamers zijn naar druivensoorten genoemd. Uitstekende keuken (menu vanaf € 28). Tip: de kookcursus van chef-kok Pierre Paumel in de Bastide des Princes (een afzonderlijk landhuis).

La Mère Germaine: aan het dorpsplein, tel. 04 90 83 70 72, fax 04 90 83 53 20, di., wo., zo. avond gesl., menu vanaf € 31.
Verfijnde Provençaalse gerechten, waar u dan ook flink voor betaalt. In het mooie oude pand zijn ook acht kamers met uitzicht op de wereldberoemde wijngaarden te huur (2 pk vanaf € 49).

Cotignac (H 6)

Cotignac (4200 inwoners) ligt verscholen in de bosrijke Provence Verte. Chic is de Provence hier niet, maar vrijwel nergens zo onaangetast. Aan de voet van de indrukwekkende rotsen kent men geen hectiek, vooral niet op het betoverende dorpsplein Le Cours.

Bezienswaardigheden

Le Rocher: 10–12, 14–18 uur.
Dit verlaten grottendorp bereikt u via met kiezelstenen bestrate *calades* (trapsgewijze steegjes). De twee torens op de rots zijn restanten van een burcht.

Notre-Dame-des-Grâces:
D 13, 1,5 km zuidwestelijker.
Lodewijk XIV *was here*: de kapel op de

Mont Verdaille is al vanaf de 16e eeuw het eindstation van een Mariaprocessie (in een weekend rond 10 sept.). De Zonnekoning woonde deze in 1660 voor het laatst bij.

Sport

Fietsroute: de historische dorpjes van de Var zijn het motto van een fietsroute langs de dorpen van de Provence Verte (start in Carcès, 93 km, ca. 6 uur). Een routebeschrijving en kaart kunt u verkrijgen bij de Offices de Tourisme of bij de CDT Var, 1, Bd. Foch, BP 99, 83003 Draguignan, tel. 04 94 50 55 50, fax 04 94 50 55 51.

Winkelen

Les Ruchers du Bessillon: 5, Rue de la Victoire, tel. 04 94 77 75 69, 's zomers dag. 10–12.30, 16–19.30, 's winters dag. 10–12, 16–18 uur.
Imker Yves Guieu verkoopt acacia- en rozemarijnhoning, maar ook de donkere en lichte noga zijn een zaligheid.
Domaine de Saint-Ferréol: zie hierna bij 'Hotels'.
Wijnen van de AOC Coteaux varois. Zomerse rosé, witte chardonnay en rode wijnen die binnen drie jaar moeten worden gedronken.
Markt: Cours Gambetta, di. groot en bedrijvig, vr. klein en intiem met biologische producten en kunstnijverheid.

Office de Tourisme: 2, Rue Bonnaventure, 83570 Cotignac, tel./fax 04 94 04 61 87, di.-vr. 10–12, 14–18 uur.

Domaine de Saint-Ferréol: D 560, 83670 Pontèves, 15 km westelijker, tel. 04 94 77 10 42, fax 04 94 77 19 04, saint-ferreol@wanadoo.fr, mrt.-nov., 2 pk vanaf € 50.
Drie kamers (waarvan één suite) op een 18e-eeuws wijngoed. Ruim en sfeervol. Achter het huis bevinden zich een zwembad en een ligweide. Wat verder weg vindt u het vakantiehuis Le Moulin, een voormalige watermolen.
La Maison Gonzagues: 9, Rue Léon Gérard, tel. 04 94 72 85 40, fax 04 94 72 85 38, www.maison-gonzagues-cotignac.com, 2 pk vanaf € 92, table d'hôtes € 31.
Vijf elegante chambres d'hôtes in een paleisje uit 1747; midden in het dorp, maar toch rustig. Luxueuze inrichting.

Le Temps de Pose: 10, Pl. de la Mairie, tel. 04 94 77 72 07, vr.-wo. 7.30–19 uur, vanaf € 6.
Een *salon de thé*, die tegelijkertijd dienst doet als fotostudio en galerie. Goede locatie om wat in tijdschriften te bladeren en een kleinigheid te eten.
Restaurant du Cours: 18, Cours Gambetta, tel. 04 94 04 78 50, dag., menu vanaf € 15.
Degelijke Provençaalse gerechten voor een aangename prijs. Groot terras.
Le Clos des Vignes: Rte. de Montfort (D 22, ca. 5 km), tel. 04 94 04 72 19, zo. avond, ma. gesl., menu vanaf € 25.
Alles klopt hier: het wijngoed te midden van de ranken, de vriendelijke eigenaresse, de uitstekende service en een op het seizoen geïnspireerde keuken, zoals duif met zomertruffels en in rode wijn gemarineerde vijgen.

Uitstapjes

La Cascade de Sillans (H 6): meer dan 40 m diep stort de waterval van de Bresque in een blauwgroene lagune, op zo'n 6 km ten noorden van Cotignac. Vanaf de rand van het plaatsje Sillans brengt een 1 km lang wandelpad u bij dit spektakel.

Cucuron (E 5)

Cucuron (1600 inwoners) gaat schuil achter zijn stadsmuren, waarbinnen een tweede muur staat die de burcht, de donjon en de oudste wijk van Cuceron omsluit. De toren van de parochiekerk is al van verre zichtbaar, maar ook de klokkentoren van de stadspoort en de platanen van Place de l'Etang rijzen hoog op. De schrijver Alphonse Daudet vereeuwigde dit betoverende dorp onder de naam 'Cucugnan' en er zijn ook diverse films opgenomen.

Bezienswaardigheden

Place de l'Etang: op dit plein met zijn door platanen omringde fontein kunt u 's zomers wat verkoeling vinden.

Sport

Wandelen: met een hoogte van 1125 m is de Mourre Nègre (E 5) de hoogste top van de Lubéron. Vanaf Cuceron is het heen en terug 25 km over het wandelpad GR 9-97. De klim vanuit buurdorp Cabrières d'Aigues via de GR 92 is half zo lang, maar beide zijn alleen geschikt voor geoefende wandelaars. Eenvoudigere tochten toont men u bij het Office de Tourisme.

Winkelen

Domaine Les Vadons:
La Resparine, Rte. de l'Etang de la Bonde (D 27), tel. 04 90 77 13 40.
Soepele rode wijnen van de Côtes du Lubéron.

Feest en evenement

L'Arbre de mai (za. na 21 mei): voor de kerk wordt ter ere van de patroonheilige van het dorp een meiboom – altijd een populier – neergezet. Verder wordt er veel gezongen en gedanst. Sfeervol dorpsfeest.

Office de Tourisme: Mairie (stadhuis), Rue Léonce-Brieugné, 84160 Cucuron, tel. 04 90 77 28 37.

Hostellerie du Lubéron: Cours St-Louis, 84160 Vaugines, tel. 04 90 77 27 19, fax 04 90 77 13 08, mrt.-okt., 2 pk vanaf € 65.
Aan de rand van het dorp. Een kamer biedt uitzicht op de Montagne du Lubéron. In het restaurant (wo. gesl.) worden lokale gerechten geserveerd, zoals *tripes d'agneau à la provençale*.
Les Grandes Garrigues: Rte. de Cadenet (D 45), 84160 Vaugines, tel./fax 04 90 77 10 71, 2 pk vanaf € 74.
Neo-Provençaals landhuis. De ruime chambres d'hôtes beschikken over een terras met schaduwrijk prieel. Zwembad. De eigenaar, een voormalige arts uit Bandol, heeft het zo typisch zonnige humeur van het zuiden.

L'Horloge: Pl. de l'Horloge, tel. 04 90 77 12 74, di. avond, wo. en 's winters ook ma. gesl., menu vanaf € 15.
In deze 14e-eeuwse oliemolen serveert men alleen maar Provençaalse gerechten.
La Petite Maison: Pl. de l'Etang, tel. 04 90 77 18 60, www.la-petite-maison.com, feb.-half mrt. zo. avond, ma., di. middag gesl. apr.-juni di. gesl., menu € 25–70.
In de twee zalen met lambrisering uit de 18e eeuw en op het terras serveert men gerechten als de met sinaasappels op smaak gebrachte *daube provençale* (runderstoofschotel). Om nog maar te zwijgen van de desserts, zoals de in kruidensiroop gemarineerde abrikozen of crème brûlée met truffel.

Digne-les-Bains (H/J 3)

Bij Digne (16.000 inwoners) komen drie rivieren en dus drie dalen bijeen. Met name langs de Durance vestigen zich steeds meer bedrijven, wat nogal contrasteert met de hoger gelegen oude stad. Digne is een typisch bergstadje. De toppen die Digne aan alle kanten omringen, laten daar geen enkele twijfel over.

Bezienswaardigheden

Notre-Dame du Bourg (juni-okt. di.-do., za. 15–18 uur) en de **oude binnenstad**:
De in Lombardijns-romaanse stijl gebouwde kerk torent uit boven de steegjes van de *vieille ville*.

Musée Alexandra David Néel:
27, Av. Maréchal Juin, juli-sept. rondleidingen 10.30, 14, 15.30, 17 uur, anders 10.30, 14, 16 uur, www.alexandra-david-neel.org
In dit huis, waar reizigster / schrijfster Alexandra David Néel (1868–1968) van 1928 tot haar dood woonde, zijn haar reizen door Noord-Afrika, Sikkim, China en Tibet gedocumenteerd.

Musée-Promenade:
Parc St-Benoît, apr.-okt. dag. 9–12, 14–17.30 uur, anders alleen ma.-vr. Buslijn 2 tot Champourcin.
In het openluchtmuseum van het Réserve Géologique vindt u thematische routes en tentoonstellingszalen (flora, fossielen, geologie). Zo'n 300 miljoen jaar geschiedenis passeert de revue.

Office de Tourisme: Pl. du Tampinet, 04000 Digne-les-Bains, tel. 04 92 36 62 62.

Hôtel de Provence: 17, Bd. Thiers, tel. 04 92 31 32 19, fax 04 92 31 48 39, 2 pk vanaf € 43.
Ouderwets hotel, van de plataan ervoor tot de *grand lit* in de kamers. De laatste renovatie heeft de charme van dit provinciehotel onaangetast gelaten.

Le Grand Paris: 19, Bd. Thiers, tel. 04 92 31 11 15, fax 04 92 32 32 82, www.chateauxhotels.com/grandparis, dec.-feb. gesl., 2 pk vanaf € 75.
Het beste hotel van Digne is al generaties lang in handen van de hoteliersfamilie Ricaud. Oorspronkelijk was dit een klooster, maar daarvan is door alle gobelins, pluche en stijlmeubelen maar weinig meer te zien.

Villa Gaia: Rte. de Nice, tel. 04 92 31 21 60, fax 04 92 31 20 12, www.provenceweb.fr/04/villagaia, nov.-half apr. gesl., 2 pk vanaf € 80, halfpension € 61–75 p.p.
Een hotel uit vervlogen tijden, eigenlijk meer een familiepension – het restaurant bedient alleen gasten van het hotel. Mooi park, tenniscourt. Het 18e-eeuwse landgoed werd in 1947 in art-décostijl gerenoveerd en doet vanaf 1993 dienst als hotel.

La Chauvinière: 54, Rue de l'Hubac, tel. 04 92 31 40 03, buiten het hoogseizoen ma. gesl., menu vanaf € 17.
Het mooiste terras van de stad ligt aan de voet van de kathedraal. Op de kaart staan lam uit Sisteron en huisgemaakte *caillettes* (gekruide pasteitjes).

L'Origan: 6, Rue Pied-de-Ville, tel. 04 92 31 62 13, zo. gesl., menu vanaf €18.
Provençaalse keuken, de *soupe au pistou* (groentesoep) is heerlijk!

Uitstapjes

Train de Pigne: Chemins de Fer de la Provence, 1, Av. Pierre Sémard, tel. 04 92 31 01 58, dag. 4 x heen en weer.

De 'dennenappeltrein' onderhoudt al sinds 1911 een verbinding tussen Digne en Nice. Via 25 tunnels, 16 viaducten op duizelingwekkende hoogte en 13 metalen bruggen in de weelderige belle-époquestijl rijdt u langs bergdorpjes, olijfboomgaarden en abrikozenbloesem van het Var-dal. De tocht van de dromerige Haute Provence naar de mondaine Côte d'Azur duurt ruim drie uur. Er is elke 2 km een halte – steek uw hand op en de trein stopt.

Draguignan (K 6)

Draguignan (30.000 inwoners) voldoet slechts in een enkel hoekje van de oude stad aan het clichébeeld van een Provençaals stadje. De binnenstad wordt omsloten door kaarsrechte boulevards, waarlangs de kantoorkolossen staan uit de tijd dat Draguignan hoofdstad van het departement Var was. Sinds Toulon hoofdstad van het departement is, is de artillerieschool van het Franse leger, een modern complex op 3 km buiten de stad, het enige dat nog aan de vroegere status herinnert.

Bezienswaardigheden

Tour de l'Horloge: de toren (1664) is het hoogste gebouw van de oude stad. Het uitzicht is dan ook prachtig.

Musée des Traditions provençales: 15, Rue Roumanille, di.-zo. 9–12, 14–18 uur, ma., zo. ochtend gesl. Taferelen en meubilair uit de 19e-eeuwse Var.

Musée du Canon et des Artilleurs: Quartier Bonaparte, ma.-vr. 8.15–11, 14.15–17 uur. Kanonnen en veldslagen vertellen de 200 jaar geschiedenis van de Franse artillerie.

Office de Tourisme: 2, Bd. Lazare Carnot, 83300 Draguignan, tel. 04 98 10 51 05.

La Bastide du Pin: 1017, Rte. de Salernes, 83510 Lorgues, 13 km westelijker, tel. 04 94 73 90 38, fax 04 94 73 71 55, www.bastidedupin.com, 2 pk € 70–95. Landgoed met vier kamers voor niet-rokers. Vanuit de kamers bij de patio hebt u uitzicht op het Morenmassief. Heerlijk zwembad.

Les Mille Colonnes: 2, Pl. aux Herbes, tel. 04 94 68 52 58, zo. gesl., daggerechten circa € 10. Deze brasserie aan het mooiste plein van de oude stad dient 's middags als ontmoetingsplaats voor de hele buurt. Het eten is Provençaals en betaalbaar. Aangenaam terras. Het interieur is nog het origineel uit de 19e eeuw.

Chez Bruno: Campagne Mariette, 83510 Lorgues, tel. 04 94 85 93 93, fax 04 94 85 93 99, zo. avond, ma gesl., menu € 52–100. Bruno, een etablissement waar grootheden als driesterrenkok Ducasse en president Chirac komen eten, is een instituut. De filosofie is simpel: truffels, truffels, truffels, en foie gras. Reserveren is absoluut noodzakelijk.

Uitstapjes

Lorgues (J 7): dit keurige stadje staat bekend om zijn wijn en olijfolie.

Hoogtepunt 7

Abbaye du Thoronet (J 7): apr.-sept. ma.-za. 9–19, zo. 9–12, 14–19, anders 10–13, 14–17 uur. De mooiste manier om hier te komen is vanuit Vidauban door het dal van de

Argens. Midden in het knoestige bos ligt een romaans klooster verscholen, dat in zuiver cisterciënzer stijl is gebouwd (1160–1190). De kerk en kruisgang zijn aandoenlijk sober.

Eygalières (B 5)

Honderd jaar geleden is het oude dorp simpelweg naar beneden gegleden. Op de heuvel bleef de *vieux village* achter, een puinhoop die nauwelijks van de lichte kalkrotsen te onderscheiden is. Een barokke gevel tekent zich messcherp af tegen het eeuwige blauw aan de horizon. Erachter gaapt een afgrond. Het gaat hier steil naar beneden, om vervolgens via een wijngaard over te gaan in de steile noordflank van de Alpilles. De 'kleine Alpen' verheffen zich zo abrupt, dat u even zou kunnen denken dat u zich op een 3000 m hoge berg bevindt en uitzicht hebt op het hooggebergte. Het nieuwe Eygalières (1600 inwoners), aan de voet van de *vieux village*, is een Provençaals dorp als vele andere, met een bar annex tabakswinkel, jeu de boules-spelers, makelaars in onroerend goed en een topkok. Het is alleen sprookjesachtiger. Zo sprookjesachtig zelfs dat het dorp kan bogen op een indrukwekkende lijst bezoekers. Charles Aznavour, Amanda Lear, showmaster Michel Drucker en oud-premier Jospin hebben een huis in de omgeving.

Bezienswaardigheden

Vieux Village: vanaf de ruïnes van het oude dorp (stadspoort, belfort) hebt u uitzicht over de hele omgeving. In het **Musée du Vieil Eygalières** (in de Chapelle des Pénitents, zo. 15–18 uur) worden vondsten van opgravingen tentoongesteld.

Chapelle St-Sixte: D 24B. Romaanse kapel. Vanaf de heuvel hebt u uitzicht op de Alpilles en het dorp.

Le Jardin de l'Alchimiste: Le Mas de la Brune (D 74A), half mei-half okt. di.-zo. 10–13, 15–18.30 uur.
Tuin die is aangelegd volgens de kleurenprincipes van de 15e- en 16e-eeuwse alchemisten: zwart, wit en rood.

Sport

Wandelen: het langeafstandswandelpad GR 6 voert u vanuit het dorp over de rug van de Alpilles naar St-Rémy-de-Provence (ca. 12 km). Zwaar! Onderweg kunt u genieten van prachtige uitzichten en de antieke opgravingen van Glanum (dag. 9–19, 's winters 9–12, 14–17 uur, feestdagen gesl.) Absoluut noodzakelijk: stevige schoenen,water, zonnebrandcrème, hoofddeksel en de IGN-kaart 'Les Alpilles' (1:50 000, in de tabakswinkel van Eygalières). Tip: bij slager Seignour (Rue de la République) kunt u sandwiches inslaan.

Winkelen

Domaine d'Eole: Rte. de Mourriés (D 24), tel. 04 90 95 93 70.
Wijnen van de AOC Les Baux-de-Provence. Rode cuvées, die dankzij de Grenache-druif een temperamentvolle smaak hebben.

Moulin Saint-Michel:
Cours Paul Revoil, 13890 Mouriès, tel. 04 90 47 50 40.
Uitstekende olijfolie met AOC-predikaat.

In het **stadhuis** (Mairie), Pl. Marcel Bonein, 13810 Eygalières, tel. 04 90 95 91 01, ma.-do. 8–12, 14–18, vr. tot 17, za. 8–11 uur. Hier kunt u onder meer terecht voor een overzicht van de belangrijkste bezienswaardigheden incl. plattegrond.

La Bastide: Chemin de la Pestelade, tel. 04 90 95 90 06, fax 04 90 95 99 77, jan. gesl. 2 pk vanaf € 62.
Klein hotel, prachtig gelegen aan de rand van het dorp. Rond het zwembad groeien lavendel- en olijfbomen.

Le Mas dou Pastre: Quartier St-Sixte (D 24B), tel. 04 90 95 92 61, fax 04 90 90 61 75, 2 pk vanaf € 80, Roulotte (woonwagen) vanaf € 46.
Provençaalse boerderij, 1,5 km ten oosten van Eygalières. Iedere kamer is met oog voor detail ingericht. Zwembad, grote tuin. U kunt ook in een van de twee luxueus ingerichte woonwagens overnachten. Boetiek met Provençaalse producten.

La Maison Roumanille: Av. Charles de Gaulle, tel. 04 90 95 92 61, fax 04 90 90 61 75, 2 pk vanaf € 85, appartementen voor vier pers. € 170.
De appartementen beschikken over een keuken, maar er bestaat ook de mogelijkheid om het ontbijt te bestellen. Uitstekende Provençaalse sfeer. Zwembad en tuin.

Le Mas de la Brune: D 74A, tel. 04 90 90 67 67, fax 04 90 95 99 21, www.masdelabrune.com, half dec.-jan. gesl., 2 pk vanaf € 153.
Renaissancekasteeltje met een prachtig park en veel sfeer. Hemelbedden, kamers met open haard, zwembad en *potager* (groentetuin).

Le Petit Bru: 18, Av. Jean Jaurès, tel. 04 90 95 98 89.
De eenvoudige versie van 'Le Bistrot' (zie blz. 74): Bru serveert prima gerechten tegen een aangename prijs en in een ongedwongen sfeer. 's Middags kunt u kiezen voor '*formule tout inclus*': drie gangen, wijn en koffie voor € 30.

Sous les Micocouliers: Traversée Montfort, tel. 04 90 95 94 53, apr.-okt. dag., nov., dec. za., zo. en jan.-mrt. gesl., menu € 28–40.
Restaurant van een bekende televisiegrootheid, in de zomer dé plek om te zien en gezien te worden. Verse gerechten en een schaduwrijk terras onder de bomen.

Aan het water gebouwd – Fontaine-de-Vaucluse

Le Bistrot d'Eygalières: Rue de la République, tel. 04 90 90 60 34, 's winters zo. avond, 's zomers di., het hele jaar ma. en feb.-half mrt. gesl., menu vanaf € 65.
De Provençaalse haute cuisine heeft zijn hoop gevestigd op de Vlaming Wout Bru. Zijn restaurant, de voormalige dorpswinkel, is chic, maar zonder veel tierelantijntjes – net als de keuken. Godenspijs: de gepocheerde kreeft in een saus van schaaldieren.

Fontaine-de-Vaucluse (C 4)

In de rotsen bij dit mooie dorpje (600 inwoners) ontspringt de glasheldere Sorgue, die tussen Fontaine en Avignon de fruitbomen van water voorziet. De ondergrondse bron van de rivier fascineert Provence-bezoekers al eeuwen. Tussen de burcht op de linker- en de zuil voor Petrarca op de rechteroever wurmen zich in het hoogseizoen massa's mensen door. Naar de bron toe wordt het nog smaller, want daar staan vele souvenirstalletjes langs het pad.

Bezienswaardigheden

Bron van de Sorgue: aan het einde van de Chemin de la Fontaine. De naam Vaucluse is afgeleid van het Latijnse *vallis clausa*, wat 'verborgen bron' betekent en verwijst naar de 300 m onder de grond gelegen bron van de Sorgue. Als het in het voorjaar genoeg regent, wordt het water omhoog geperst en verandert de groene vijver in een pruttelende poel.
Musée Pétrarque: apr.-okt. wo.-ma. 10–12, 14–18 uur.
Op de plek waar de pauselijke gezant en dichter Petrarca, die het hofleven in Avignon zat was, zich terugtrok om sonetten voor zijn geliefde Laura te schrijven, is te zijner ere een museum ingericht.

Sport

Kajakken en kanoën op de Sorgue: juli-aug. Parcours van 8 km lang van Fontaine-de-Vaucluse naar Isle-sur-Sorgue. In mei, juni en sept. zijn tot 15 km lange tochten mogelijk. U wordt teruggebracht met een minibus. Canoë Evasion, Pont de Galas, tel./fax 04 90 38 26 22.

Office de Tourisme: Chemin de la Fontaine, 84800 Fontaine-de-Vaucluse, tel. 04 90 20 32 22.

Auberge de Jeunesse: Chemin de Vignasse (richting Gordes), tel. 04 90 20 31 65, fax 04 90 20 26 20, feb.-half nov., € 8 (zonder ontbijt).
Jeugdherberg (nieuwbouw) met 50 bedden. Gratis gebruik van de keuken. Fietsverhuur.

Hostellerie du Château: La Petite Place, tel. 04 90 20 31 54, ma. avond, di. gesl., menu vanaf € 18.
De Sorgue stroomt pal langs het terras. Op het menu staan slakken in bladerdeeg en rode barbeel met olijvenpuree: lekker en betaalbaar.
Le Bistrot à Michel: Grande-Rue, 84220 Cabrières-d'Avignon, tel. 04 90 76 82 08, ma. (behalve juli-aug.), di. en jan. gesl., menu vanaf € 22.
Aan tafel zitten de buitenlandse eigenaars van vakantiehuisjes in de Lubéron, aan de bar staan de mannen uit het dorp en achter die bar staat eigenaar Michel, die u herkent aan zijn

grijze baard en zijn bril. Hij serveert stevige kost, zoals *pieds-paquets* en lamscarré, en dat smaakt uitstekend.

8

Hoogtepunt

Forcalquier (F 4)

De hoekige kerktoren wijst u van hoog op een kalkrots al van verre de weg naar Forcalquier (4000 inwoners). Aan de voet van dit grote gebouw ligt een stadje dat alleen in het hoogseizoen met toeristen te maken krijgt. Forcalquier is met zijn oude centrum en het brede, met platanen omzoomde plein een van de weinige overgebleven resten van een Provence die elders onder stampvolle steegjes en souvenirwinkels bezweken is. Het plaatsje en zijn omgeving zijn bovendien beroemd om de *fromage de Banon* en de kruidenaperitieven.

Bezienswaardigheden

Notre-Dame du Bourguet: 9–19 uur. Het vroeg-gotische godshuis is getooid met een machtige vieringtoren en een tweede, slankere toren bij het portaal.

La Citadelle: waar vroeger de burcht van de graaf van Forcalquier boven de oude stad uittorende, staat nu een onaanzienlijke neobyzantijnse kapel. Het uitzicht over de omgeving is echter prachtig.

Cimetière: 9–17 uur.
De begraafplaats valt vanwege de vanaf 1835 aangeplante, in de vorm van een groene muur gesnoeide haag onder momumentenzorg.

Sport

Wandelen: er zijn goed gemarkeerde wandelingen rond de plaats (kaarten bij het Office de Tourisme). Heel indrukwekkend is de wandeling naar de door weer en wind geteisterde rots Les Mourres (3 uur).

Likeurtje?

Een paar distilleerkolven voor de deur wijzen de weg. Sinds 1898 produceert deze likeurstokerij het huismerk pastis Henri Badoin. Een andere specialiteit is de likeur Gentiane de Lure – zoals de naam al doet vermoeden komen de planten van de hellingen van de 1826 m hoge Montagne de Lure. Wat zoeter, en daarom volgens verkopers vooral geschikt *'pour les dames'*, is de Rinquin-quin, een perzikwijn. De likeur Absenthe met zijn absintextracten is daarentegen de zondigheid zelve.
Les Distilleries et Domaines de Provence, Z.A. Les Chalus, Forcalquier, tel. 04 92 75 00 58.

Winkelen

Markten: Place du Bourguet, Place Marcel Sicard, Bd. Laturette, ma. ochtend. Dit is de best gesorteerde markt van de Haute-Provence. Schaapswol, honing, fruit, keramiek.

Feest en evenement

Fête de la Randonnée: eind apr., wandelfeest.

Foire aux produits de Haute-Provence: begin aug., grote markt met producten uit de Haute-Provence. Een van de beste gelegenheden om honing, banon-kaas, worst en specerijen in te slaan.

Office de Tourisme: Pl. du Bourguet, 04301 Forcalquier, tel. 04 92 75 10 02.

Hôtel Le Séminaire: 04700 Lurs, 12 km oostelijker, tel. 04 92 79 94 19, fax 04 92 79 11 18, dec.-jan. gesl., 2 pk vanaf € 66.
Het dorpje Lurs ligt op een rotskam hoog boven de Durance. De kamers van dit hotel zijn praktisch ingericht, de tuin is schitterend en het Institut de Balnéo-Détente biedt een sauna, Turks bad en fitnessruimte.

La Bello Visto: Rue Principale, Lurs, tel. 04 92 79 95 09, apr.-sept. di., 's winters 's avonds en wo., okt. gesl., menu vanaf € 14.
In het menu 'Pays de Forcalquier' komen alle regionale specialiteiten aan bod: een amuse van *olivettes de Lurs*, als voorgerecht rivierkreeftjes met pastis Henri Bardouin, als hoofdgerecht lam à la Farigoule (met kruidenlikeur), daarna kaas uit Banon en ten slotte een *craquant glacé à la mandarine*.

Le Café de la Lavande: Pl. de la Mairie, Lardiers, tel. 04 92 73 31 52, di. avond, wo. gesl. menu € 17.
Aan Place de la Mairie springt gelijk een lavendelkleurige tekst boven een glazen deur in het oog: *Bienvenue* in Le Café de la Lavande. Er is maar één menu, de ene keer met een *daube* (hier van het lam, zoals de Haute-Provence betaamt), dan weer eens met een *brandade*. Of eend met kersen. Een bezoek loont beslist de moeite. Er zijn slechts weinig tafeltjes, maar in de zomermaanden kunt u ook onder een loofdak zitten. U doet er echter verstandig aan te reserveren.

Gordes lijkt zo uit een prentenboek over de Provence te zijn geplukt

Uitstapjes

Signal de Lure (F 2): een avontuurlijk weggetje leidt naar het uitkijkpunt op de 1826 m hoge top van de Montagne de Lure.

St-Michel-l'Observatoire (F 4): tel. 04 92 70 64 00, apr.-sept. wo. 14–16, anders wo. om 15 uur.
Boven het dorp verheft zich boven de bossen de zilveren koepel van de sterrenwacht van de Haute-Provence. Het observatorium kan op afspraak worden bezocht.

Gordes (D 4)

Gordes (2000 inwoners) lijkt wel helemaal met de rotsen vergroeid te zijn. De fotogenieke ligging van het dorp, aan de rand van het Plateau de Vaucluse, maakt Gordes tot een van de drukstbezochte plaatsjes in de wijde omgeving. De betoverend mooie steegjes rijgen zich tegen de berghellingen aaneen rond een sierlijk renaissancekasteel. De afgelopen decennia is Gordes ook ontdekt door kunstenaars en intellectuele drop-outs. De bekendste kunstenaar die hierheen kwam was Victor Vasarely. Deze Hongaarse schilder en graficus redde het slot van Gordes van de ondergang. Tip: er zijn maar weinig mooiere plaatjes denkbaar dan dat van de avondzon op de rotsen rond Gordes.

Bezienswaardigheden

Château: juli-aug. dag. 10–12, 14–18 uur, anders di. gesl.
In de noordfaçade zijn enkele markante torens verwerkt. In het renaissancekasteel bevinden zich veel prachtig ingerichte zalen; met name de Grande Salle met zijn enorme open haard is indrukwekkend. Het aan Vasarely gewijde museum, dat zich hier bevond, is vanwege een erfkwestie gesloten; nu wordt er werk van de Vlaamse schilder Pol Mara geëxposeerd.

Musée du Vitrail: Rte. de St-Pantaléon, 5 km zuidelijker, wo.-ma. 9–12, 14–18 uur.
Glaskunst in de oudste nog intacte olijvenpers van de Vaucluse.

Le Village des Bories (C 4): dag. 9–18 uur. Twintig hutten *(bories)*, gebouwd van kalksteen zonder cement. Tot 1900 woonden hier nog mensen.

Feest en evenement

Foire des Potiers: juli, pottenbakkersfeest.

Festival de Gordes / Fête du vin: aug., theater en concerten, wijnfeest van de Côtes du Ventoux.

Office de Tourisme: in het kasteel, 84220 Gordes, tel. 04 90 72 02 75.

Hôtel Crillon: 84220 Murs, 10 km noordoostelijker, tel. 04 90 72 60 31, fax 04 90 72 63 12, 2 pk vanaf € 41.
Murs ligt op een heuvelrug boven de Coulon. In het hotel-restaurant vindt u naast de receptie een *bar-tabac*. Na het diner legt u zich te rusten in een *grand lit* met baldakijn – wat wil een mens nog meer?
Hostellerie Le Phébus: Rte. de Murs, 84220 Joucas, 5 km oostelijker, tel. 04 90 05 78 83, fax 04 90 05 73 61, www.lephebus.com, 2 pk vanaf € 130.
Vanuit dit landhuis nabij Gordes hebt u prachtig uitzicht op de Lubéron. Deze luxueuze herberg met zijn haute cuisine-restaurant ligt in een 4 ha groot park waar de geur van tijm en rozemarijn hangt. Zwembad.

Le Mas Tourteron: Chemin de St-Blaise, 84220 Les Imberts, 5 km zuidwestelijker, tel. 04 90 72 00 16, ma., di. en half nov.-mrt. gesl., menu € 29–46.
Gerechten *à la provençale* (gevulde groenten, konijn), bij mooi weer in een betoverende tuin.

Uitstapjes

Abbaye de Sénanque (C 4): mrt.-okt. ma.-za. 10–12, 14–18, zo. 14–18, anders ma.-vr. 14–17, za., zo. 14–18 uur.
Deze in 1148 gestichte cisterciënzer-abdij is op en top romaans. Het complex ligt in een dalkom, omringd door lavendelvelden. In de refter verklaart een expositie het verleden van de orde (zie blz. 105).

Hoogtepunt 9

Gorges du Verdon (J 5)

De spectaculairste bergkloof van Europa dankt zijn ontstaan aan een turkooiskleurige rivier: de Verdon heeft zich over een lengte van 21 km een tot 700 m diepe weg door de rotsen gebaand. Door de kloof, die soms maar 6 m breed is, lopen enkele mooie wandelpaden. Behalve wandelaars treft u hier kanovaarders, bergbeklimmers, mountainbikers en deltavliegers. De Gorges du Verdon vormen een uniek gebied voor de sportieve vakantieganger. Om dat zo te houden, valt de kloof sinds 1997 onder natuurbescherming (zie Extra-route 5, blz. 116).

Bezienswaardigheden

Castellane (K 4): hoog op een steile rots (20 min. klimmen) waakt de Notre-Dame-du-Roc over de plek waar vele hotels zorgen voor een ideaal vertrekpunt voor een verkenning van de kloof.
Trigance (K 5): boven dit bergdorpje (800 m) troont een burcht. In de steegjes zorgen de natuurstenen muren van de huizen voor een betoverende sfeer.
Corniche Sublime (J 5): hoogtepunten op de D 71 langs de zuidkant van de kloof zijn de steile wanden van de Balcons de la Mescla (uitzicht op de Verdon, in de diepte) en het dorp Aiguines, waar de torenhoge rotsen plotseling ophouden. Met op de achtergrond het Lac de Ste-Croix ziet u in het westen het witte kasteel van Aiguines.
Route des Crêtes (J 5): de D 23 buigt bij La Palud-sur-Verdon van de

noordoever van de kloof af (D 952), waarna een traject volgt met talloze spectaculaire vergezichten. De weg klimt tot 1300 m hoogte en leidt langs de Club Alpin; daar begint een dagwandeling over de Sentier Martel, een klassieker voor wandelaars (8 uur).

Moustiers-Ste-Marie (J 4): dit is één van de '*plus beaux villages de France*', en beslist de mooiste aan de Verdon. Het betoverende silhouet van het plaatsje, met de romaanse dorpskerk, de bedevaartskapel Notre-Dame-de-Beauvoir en een tussen de rotsen gespannen ijzeren ketting met een ster eraan, gaat samen met de reputatie als faience-hoofdstad en fijnproeversdorp die Moustiers koestert. Rond het dorp loopt een prachtige wandelroute (Tour du Village, gele rechthoek, 2 uur).

Musée des Tourneurs sur bois: Aiguines (J 5), juni-aug. wo.-ma. 9–12, 14–18 uur, anders op afspraak, tel. 04 94 70 20 89.
Museum over de kunst van het houtdraaien, waarbij uit bukshout jeu de boule-ballen worden gemaakt.

Sport

Bungeejumpen: vanaf de Pont d'Artuby (182 m!). Latitude Challenge, 40, Av. de St-Antoine, 13015 Marseille, tel. 04 91 09 04 10, www.latitude-challenge.fr, za., zo., op vr. eerst bellen.

Bergbeklimmen: Club d'Escalade Verdon, La Mairie, Aiguines, tel. 04 94 84 23 07.
Klimexcursies, meerdaagse cursussen, etc.

Lac de Ste-Croix (H 5): dit stuwmeer met zijn turkooiskleurige water nodigt uit tot zwemmen en kanoën.

Paragliden: Verdon Passion, Moustiers-Ste-Marie, tel. 04 92 74 69 77, www.verdon-passion.com

Wandelen: de langeafstandswandelpaden GR 4 (noordelijke oever) en GR 99 (zuidelijke oever) volgen de totale lengte van de kloof. Het stuk wandeling beneden door het dal en de tunnels (zaklantaarn mee!) heet de Sentier Martel – in het weekeinde in het hoogseizoen kan het daar ontzettend druk worden. In de folder 'Sur les Chemins du Verdon' zijn 41 korte en langere eendaagse wandelingen (herkenbaar aan de gele markering) door het Parc Régional du Verdon beschreven. Verkrijgbaar bij:
Parc Régional du Verdon, Moustiers-Ste-Marie, tel. 04 92 74 63 95, www.parcduverdon.fr

Wildwater-raften, wandelen door de rivierbedding, kanoën: Acti-Raft, Relais de l'Eau vive, Rte. des

Faience uit Moustiers-Ste-Marie

Bij Moustiers-Ste-Marie denkt elke Fransman aan faience. Tot de Franse Revolutie was dat al zo, toen borden met republikeinse motieven en leuzen in de mode waren, en nu is het weer zo, en niet in de laatste plaats dankzij de faience van Bondil. Het atelier staat voor hoogwaardige technieken als estampage en reproducties van antieke stukken. Meesterwerken zijn de grotesken van het *ancien régime* en de patriottische borden van na 1789. Het handwerk heeft zijn prijs, maar onderscheidt zich van de goedkopere stukken in de souvenirwinkels.
Atelier Bondil, Pl. de l'Eglise, Moustiers-Ste-Marie, tel. 04 92 74 67 02.

Gorges du Verdon, Castellane, tel. 04 92 83 76 64; Aboard Rafting, 8, Pl. de l'Eglise, Castellane, tel./fax 04 92 83 76 11.

Winkelen

Marius Bernard: Rue du Portail, Trigance. Uitstekende lavendelhoning.

Feest en evenement

Sortie de la Diane: in Moustiers-Ste-Marie, 31 aug., avondprocessie. In de daaropvolgende negen dagen worden de inwoners gewekt met tamboer- en fluitmuziek. Op 8 sept. (Maria-Geboorte) is er om 5 uur 's ochtends een mis, gevolgd door ontbijt op het dorpsplein.

Verdon Accueil: Allée du Château, 83630 Aiguines, tel. 04 94 70 21 64, Rue Nationale, 04120 Castellane, tel. 04 92 83 67 36.

Chalet de la Maline: 04120 La Palud-sur-Verdon, D 23, tel./fax 04 92 77 38 05, la.maline@wanadoo.fr, Pasen tot 11 nov., 2 pk met halfpension € 27. De wandelaarshut van de Club Alpin Français staat op duizelingwekkende hoogte boven de Verdon. Sobere kamers, stevige kost. Onder het panoramaterras begint de Chemin Martel, een wandelklassieker naar Point Sublime.

Auberge du Lac: Rue centrale, 83630 Bauduen, tel. 04 94 70 08 04, fax 04 94 50 40 90, dec.-mrt. gesl., 2 pk vanaf € 55.
Een dorpshotel met mooi ingerichte kamers met uitzicht op het meer en een uitstekend restaurant – wat wilt u nog meer?

Le Vieil Amandier: Montée de St-Roch, 83840 Trigance, tel. 04 94 76 92 92, fax 04 94 85 68 65, nov.-feb. gesl., 2 pk vanaf € 57.
Pretenties heeft men in dit berghotel niet, maar wel een heerlijk terras met uitzicht. Uitstekende keuken!

Château de Trigance: 83840 Trigance, tel. 04 94 76 91 18, fax 04 94 47 58 99,

Paradijs voor bergbeklimmers, kajakkers en andere buitensporters – de Gorges du Verdon

Producten van de streek

De ambachtslieden en boeren van het 'Pays des Gorges du Verdon' hebben met een gemeenschappelijk verkooppunt een klantvriendelijke oplossing gecreëerd. De gerestaureerde boerderij aan de voet van Trigance vormt een passend decor voor de producten van de streek – geitenkaas, honing, noga, santons, faience, aardewerk, etc.

Maison des produits du pays des Gorges du Verdon, La Sagne (aan de D 90), Trigance, tel./fax 04 94 85 68 40, 's zomers dag. 10–20, 's winters wo.-ma. 10–12, 14–19 uur, jan. gesl.

mrt.-nov., 2 pk vanaf € 110.
Jean-Claude Thomas kocht dertig jaar geleden de ruïne van deze middeleeuwse citadel boven het adelaarsnest Trigance om er een voortreffelijk hotel te beginnen. Ook het bijbehorende restaurant is uitstekend.

Altitude 823: 83630 Aiguines, tel. 04 94 70 21 09, vr. en nov.-mrt. gesl., menu € 16–22.
De eigenares van dit populaire etablissement, Brigitte, raadt de gevulde kwartels en het speenvarken aan.
Les Santons: Pl. de l'Eglise, 04360 Moustiers-Ste-Marie, tel. 04 92 74 66 48, ma. avond, di. gesl. (behalve juli, aug.), menu vanaf € 40.
Op het omrankte terras, hoog boven het riviertje Maire, serveert men regionale specialiteiten met een vleugje nouvelle cuisine.

L'Isle-sur-la-Sorgue (C 4)

Op een steenworp afstand van elkaar bevinden zich hier 200 antiekhandelaren: L'Isle-sur-la-Sorgue (16.000 inwoners) is na Parijs de belangrijkste handelsplaats voor *ancien régime*- en art-décoproducten. De Sorgue ligt als een lus om de binnenstad heen. Bemoste watermolens zorgen voor romantiek en de cafés langs de oever bieden schilderachtig uitzicht. Straatnamen in dit 'Venetië van de Vaucluse' herinneren aan de tijd dat dit een echt vissersplaatsje was: Rue de la Truite, Rue de l'Anguille, Rue de l'Ecrevisse.

Bezienswaardigheden

Quais de la Sorgue: langs de Sorgue kunt u prachtige wandelingen maken.

Winkelen

Markt: aan de Sorgue, zo. ochtend. Antiek- en rommelmarkt.
Appel d'Air: 30, Av. Charmasson, za., zo. 10–19 uur en op afspraak. Design uit de 20e eeuw, van art décotafels uit de jaren veertig tot hardplastic Italiaans meubilair uit de jaren zeventig.

Feest en evenement

Marché des Antiquaires: Pasen en rond 15 aug. (vier dagen lang). Een van de belangrijkste antiekmarkten van Frankrijk. Exclusief aanbod van een hoogwaardige kwaliteit. Hier zou u zomaar die Lodewijk XV-fauteil kunnen vinden waar u al zo lang naar op zoek was.
Festival de la Sorgue: juli, volksfeest met optredens.
Marché flottant: eerste weekend van aug. Drijvende groente- en fruitmarkt op de Sorgue. Meer voor de show dan om echt boodschappen te doen.

Geurtjes uit de Provence

Nicole Houques weet zich het buitenhuisje *(bastide)* van haar grootouders nog goed te herinneren. Als kind ging ze er elk weekend naartoe. Witte gordijnen, linnengoed van wafelstof, vloeren met *tomettes*, gebakken achthoekige tegels... Een zwart-witfoto van de *bastide* siert het logo van de firma 'Côté Bastide'. De door Nicole bedachte lijn voor bad- en lichaamsverzorgingsproducten zet in op lichte tinten, natuurlijke ingrediënten en sprekende geuren – bloemrijk bij onder meer de parfums, lotions en crèmes van vijgen-, sinaasappel en rozenbloesem, en zomers pittig bij bijvoorbeeld een uit hennep gedistilleerde eau de toilette. De oude gewelven van de showroom lijken voor 'Côté Bastide' te zijn gemaakt.
Côté Bastide, 5, Rue du Grand Pré, Lourmarin, tel. 04 90 08 57 92.

Office de Tourisme: Pl. de l'Eglise, 84800 L'Isle-sur-la-Sorgue, tel. 04 90 38 04 78.

Le Mas de Cure Bourse: Rte. de Caumont, 3 km buiten L'Isle, tel. 04 90 38 16 58, fax 04 90 38 52 31, 2 pk vanaf € 75.
Vriendelijk Provençaals onderkomen op een 18e-eeuws landgoed – met rondom 2 ha park.

Le Café du Village: Village de Antiquaires de la Gare, tel. 04 90 20 72 31, vr.-zo. 10–19 uur, menu € 23.
Trendy bistro met veel prullaria. De chef-kok heeft vroeger in een sterrenrestaurant in Toulouse gestaan, hetgeen aan de gerechten, maar niet aan de prijs is te merken.

La Prévôté: 4, Rue Jean-Jacques Rousseau, tel. 04 90 38 57 29, di. (behalve juli, aug.), wo. gesl., menu vanaf € 25.
Design-etablissement in de vroegere woning van de proost, aan de Sorgue. Zalmcanneloni met verse geitenkaas.

Lacoste (D 5)

Van een afstand lijkt dit dorp (400 inwoners) net een rommelige hoop stenen. Boven brokkelt de ruïne van het kasteel waar ooit markies De Sade woonde. Lacoste is een heel rustig dorp, want auto's zijn in de hobbelige steegjes niet toegestaan (zie Extraroute 3, blz. 112).

Bezienswaardigheden

Château: na de Revolutie diende het slot van markies De Sade als steengroeve. De ruïne is nu eigendom van Pierre Cardin, die hier sinds 2000 een klein zomerfestival organiseert.

Feest en evenement

Fête des vendanges: okt., wijnoogstfeest.

Office de Tourisme: Mairie (stadhuis), 84480 Lacoste, tel. 04 90 75 82 04.

Café de France: beneden het dorp, tel. 04 90 75 82 25, nov.-apr. gesl., 2 pk € 29–37.
Maurice Grau verhuurt acht kamers, waaronder enkele met mooi uitzicht op Bonnieux en de Grand Lubéron.

Le Caveau – een instituut in L'Isle-sur-la-Sorgue

Bonne Terre:
tel./fax 04 90 75 85 53,
www.bonneterre.fr.st,
dec. gesl., 2 pk € 82–99.
Elegant landhuis aan de rand van het dorp. Zes chambres d'hôtes, waarvan een paar met eigen terras. Tuin en zwembad.

Café de Sade: Rue Basse, tel. 04 90 75 82 29, buiten het hoogseizoen ma. gesl., menu vanaf € 12.
Voor de kleine trek – een salade op het groen omrankte terras of binnen bij de open haard.

Lourmarin (D 5)

Eén ding is zeker: Albert Camus ligt hier begraven. Maar heeft Jane Birkin echt een huis in Lourmarin? Heeft iemand deze zomer Depardieu nog gezien? Dergelijke vragen kunnen Lourmarin (1100 inwoners) een hele zomer in hun greep houden. De Lubéron is een soort 21e arrondissement sinds tout Paris in de bergdorpen op zoek is naar de echte Provence. Dat is begrijpelijk, want Lourmarin met zijn burcht is sprookjesachtig mooi (zie Extraroute 3, blz. 113). Het is vaak wel moeilijk de bewoners met hun zuidelijke accent te verstaan als ze de Parijzenaars becommentariëren, maar misschien is dat ook wel beter zo.

Bezienswaardigheden

Château: nov.-mrt. rondleidingen wo.-ma. 11, 14.30, 15.30, 16.30, anders dag. 10–12, 14.30–17.30 uur.
Dit renaissancekasteel is een bezoek waard vanwege het prachtige Lodewijk XIV-meubilair, waar ooit koningin Elisabeth II van Engeland aan heeft plaatsgenomen.

Feest en evenement

Musiques d'été: klassieke concerten, theater en jazz, juni-sept. in de burcht of op het terras ervoor. Inlichtingen kunt u krijgen bij het Office de Tourisme.
Foire artisanale: derde zo. van juli, kunstnijverheidsmarkt.
Rencontres méditerranéennes: juli-aug., literatuur- en theaterfeest.

Office de Tourisme, 8, Av. Philippe de Girard, 84160 Lourmarin, tel. 04 90 68 10 77.

Villa Saint-Louis: 35, Rue Henri-de-Savornin, tel. 04 90 68 39 18, fax 04 90 68 10 07, 2 pk € 55–70, geen creditcards.
Ooit was dit een gendarmerie, later een postkantoor en daarna stak een antiquair zijn vermogen en verzameling 17e- en 18e-eeuws Frans antiek in dit gebouw. De vijf chambres d'hôtes ademen nog de elegantie uit de tijd van het *ancien régime.* Groot park.

L'Antiquaire: 9, Rue du Grand-Pré, tel. 04 90 68 17 29, mei-sept. zo. middag, ma., half nov.-begin dec. en half feb.-half mrt. gesl., lunchmenu € 16, overigens € 37.
Bij Axelle en David Dubouchet wordt de gegrilde hazenbout met spek en verse tijm bereid. Op za. en zo. is er bouillabaisse. Er zijn twee eetzalen, de ene een soort wintertuin, de andere een met familie-erfstukken ingerichte ruimte. De prijs-kwaliteitverhouding is dik in orde.

La Fenière: La Fenière, Rte. de Cadenet, tel. 04 90 68 11 79, di. middag, ma. gesl., menu vanaf € 43.
De autodidact Reine Sammut is een nieuwe ster aan het culinaire firmament. Ze serveert vernieuwende creaties zoals quiche van stokvis en confit van konijn met auberginekaviaar.

Uitstapjes

Abbaye de Silvacane (D 5): apr.-sept. dag. 9–19, anders wo.-ma. 10–13, 14–17 uur.
De laat-romaanse abdij aan de Durance is tegen het einde van de 12e eeuw in sobere cisterciënzer stijl gebouwd.

Manosque (F 4)

Manosque (19.000 inwoners) is te herkennen aan zijn twee prachtige stadspoorten. Daarachter gaan smalle, vooral door Noord-Afrikaanse immigranten bevolkte steegjes en pleintjes

Daar zit muziek in

met fonteinen schuil. Om de wirwar van straatjes in de oude binnenstad ligt een rondweg. Vooral op marktdagen is het verkeer een chaos. Ook de terrassen zijn dan afgeladen.

Bezienswaardigheden

Porte de La Saunerie: de met tin beslagen stadspoort uit 1382 is het mooiste bouwwerk van Manosque.
Maison Jean Giono: in het huis waar schrijver Jean Giono zijn jeugd doorbracht, is tegenwoordig een doodgewone schoenenwinkel gevestigd (14, Rue Grande).
Notre-Dame-de-Romigier: Pl. de l'Hôtel de Ville. De voormalige 10e-eeuws kathedraal is getooid met een renaissanceportaal.
Centre Jean Giono: 1, Bd. Elémir Bourges, di.-za. 9.30–12 uur.
Tentoonstelling over het werk van Jean Giono (1895–1970), de Provençaalse schrijver bij uitstek. Het centrum organiseert literaire wandelingen en evenementen.

Feest en evenement

Journées Jean Giono: juli, themafeest ter ere van de grootste schrijver / dichter van de Provence.
Fêtes médiévales: juni, middeleeuws feest.

Office de Tourisme:
Pl. du Docteur-Joubert, 04100 Manosque, tel. 04 92 72 16 00.

Le Pré St-Michel:
Rte. de Dauphin, drie km buiten Manosque, tel. 04 92 72 14 27, fax 04 92 72 53 04, www.presaintmichel.com, 2 pk vanaf € 54.
Comfortable kamers naar Provençaalse snit. Prettige bijkomstigheid is het aangename buitenzwembad met ligstoelen. Restaurant La Source (menu € 17–29) serveert degelijke streekgerechten.
Hostellerie de la Fuste: La Fuste, 04210 Valensole, tel. 04 92 72 05 95, fax 04 92 72 92 93, www.lafuste.com, 2 pk vanaf € 130.
De kamers van dit mooie hotel bieden alle mogelijke comfort. De Italiaans ogende villa ligt midden tussen de fruitboomgaarden. Er is ook een voortreffelijk restaurant.

Les deux Nines: La Place, 04210 St-Jurs (Plateau de Valensole), tel. 04 92 74 30 73, menu circa € 20.
Dit aangename eethuis wordt geleid door twee op het hele plateau bekende dames. Het voortreffelijke menu bestaat uit *daube provençale*, polenta en een gratin van spinazie.
Dominique Bucaille: 43, Bd. des Tilleuls, tel. 04 92 72 32 28, www.jre-france.com, zo., wo. avond en half juli-half aug. gesl., menu € 23–61.
Sierlijke eetzaal in een 17e-eeuwse manufactuur. Vanaf boven kunt u in de keuken kijken, om te ontdekken dat er eersteklas Provençaalse gerechten op het menu staan.

Bus: verbindingen met Marseille, Gap, Forcalquier, Avignon, en St-Maximin. Halte Routière, ma.-vr., tel. 04 92 87 55 99.
Trein: treinverbindingen met Marseille en Briançon, tel. 08 36 35 35 35.

10

Hoogtepunt

Plateau de Valensole (G/H 4): zie Extra-route 5, blz. 116. Dit belangrijkste lavendelgebied van de Provence wordt omsloten door de Durance, de

Verdon en de Asse. Met name tussen Puimoisson en St-Jurs leidt de route 's zomers door een lila landschap. De ongenaakbare hoofdstad Valensole ligt in een halve cirkel tegen de heuvel. Andere attracties zijn het kuurstadje Gréoux-les-Bains en het oer-Provençaalse plaatsje Riez.

Ménerbes (D 5)

Sinds hij met zijn literatuur de draak stak met Ménerbes, is de Engelse schrijver Peter Mayle de meest gehate man van het bergdorpje (1100 inwoners). Wat hij beweerde is allemaal gelogen, zo menen de inwoners. In stilte juichen ze echter dat zijn verhalen over drankzuchtige bakkersvrouwen en de smoezelige manier waarop men hier zijn dieren slacht de waarde van hun huizen flink hebben opgekrikt (zie Extra-route 3, blz. 112).

Bezienswaardigheden

Le Castellet: kasteelachtig herenhuis aan de voet van de oude begraafplaats.
Abbaye de St-Hilaire: aan de D 109 (richting Lacoste), bezichtiging op afspraak, tel. 04 90 75 88 83.
Dit klooster is particulier eigendom. Er zijn twee kapellen (12e en 13e eeuw) en een kruisgang (17e eeuw) bewaard gebleven.

Winkelen

Domaine de la Citadelle:
aan de D 3, apr.-sept. ma.-vr. 9–12, 14–18, za., zo. 10–12, 15–19, anders ma.-vr. 9–12, 14–18, za. 9–12 uur.
In dit wijnhuis vindt u het Musée du Tire-Bouchon. Rode wijnen (van de Syrah- en Grenachedruiven), fruitige rosés en witte wijnen met het aroma van wilde rozen, jasmijn en linde, allemaal met het predikaat AOC Côtes du Lubéron. Het museum biedt vier eeuwen kurkentrekkers.

Feest en evenement

Fête du Miel: half juli, imkerfeest.

Office de Tourisme: Mairie (stadhuis), 84560 Ménerbes, tel. 04 90 72 22 05.

La Bastide de Marie: Rte. de Bonnieux, drie km buiten Ménerbes, tel. 04 90 72 30 20, fax 04 90 72 54 20, www.labastidedemarie.com, half mrt.-half nov., 2 pk (alleen met halfpension) € 380 voor twee personen.
Een herenhuis te midden van een wijngaard met ruime kamers en alle comfort. Halfpension is inclusief alle drankjes ('s middags thee, 's avonds wijn bij het diner, etc.).

Nyons (C 1)

Dit schilderachtige stadje (6300 inwoners) ligt in het Eyguesdal. De bergen in de omgeving houden de mistral op afstand. Met 2752 zonne-uren per jaar staat Nyons op gelijke hoogte met Nice. Het klimaat zorgt ervoor dat vijgenbomen en mimosa hier goed gedijen, maar de olijfbomen hebben het meeste profijt van de warmte. Olijfolie uit Nyons behoort dan ook tot de beste ter wereld.

Bezienswaardigheden

De hoogtepunten van de **oude stad** zijn arcaden (Place des Arcades), steegjes met kinderhoofdjes (Rue des Petits Forts) en een brug uit de 14e eeuw.
Musée de l'Olivier:
Allée des Tilleuls, juni-sept. ma.-za.

10–11.30, 14.45–18, anders di.-za. 14.45–18 uur.
Olijventeelt en winning van olie van de 17e tot de 20e eeuw.

Winkelen

Moulin Dozol-Autrand:
4, Promenade de la Digue.
Uitstekende olijfolie en Provençaalse hapjes.
Coopérative du Nyonsais:
Pl. Olivier de Serres.
Olijven per kilo, olie in jerrycans en tapenade (olijvenpasta).
Distillerie Nicoleau:
26170 Buis-les-Baronnies.
Likeuren (abrikozen, tijm, lindebloesem), eaux de vie (kersen, gegist fruit), aperitieven (perzik, noten).
Reynaud-Fils:
26170 Buis-les-Baronnies.
Deze *charcuterie artisanale* verkoopt Drôme-specialiteiten als olijvenworst, *caillette* (gekruide paté) en heerlijk lamsvlees uit Les Baronnies.

Office de Tourisme: Pl. de la Libération, 26110 Nyons, tel. 04 75 26 10 35.

Une autre maison: Pl. de la République, tel. 04 75 26 43 09, fax 04 75 26 93 69, www.uneautremaison.com, 2 pk vanaf € 100; restaurant: menu vanaf € 42 (alleen voor gasten).
Dit 'andere huis' biedt zes smaakvol, allemaal heel verschillend ingerichte kamers. In het restaurant, waar u ook op het terras kunt eten, is meer plaats. De menukaart is Provençaals, en in elk gerecht is wel wat Tanche-olijfolie verwerkt. Deze AOC-olie wordt op de Dozol-Autrand-molen in Nyons vervaardigd. Bij het ontbijt serveert men huisgemaakte *Madeleines à l'abricot.*

Olijfolie met predikaat

De beste olie komt van de eerste persing *(huile d'olive vierge)*. Daarbij worden de vruchten koud geperst – alleen op die manier blijven alle aroma's bewaard. Als op de fles de toevoeging 'extra' staat, dan komt de goudgroene vloeistof uit een gerenommeerd teeltgebied, zoals de Alpilles. Bovendien mag de olie dan maar 1 procent onverzadigde vetzuren bevatten en moet deze onmiskenbaar naar de vrucht smaken – zo schrijft het in Brussel overeengekomen kwaliteitssysteem het voor. Sommige soorten olijfolie hebben net als wijn een AOC-etiket, zoals de Tanche-olijfolie uit Nyons.

Bus: naar Avignon, Montélimar en Vaison-la-Romaine. Autocars du Petit Nice, tel. 04 75 26 35 58, en Cars Lieutaud, tel. 04 90 36 05 22.

Uitstapjes

Les Baronnies (C 1–D 2): het voormalige territorium van de baron van Montauban is bergachtig. Dit gedeelte van de Haute-Provence wordt door de Mont Ventoux tegen de wind beschermd en kent mooie dorpjes als Brantes, Pierrelongue en Buis-les-Baronnies.

Orange (B 3)

Wie vanuit het noorden naar Orange (30.000 inwoners) komt, wordt verwelkomd door een Romeinse triomfboog. Op het omliggende platteland

Het Colorado van de Provence – de okersteengroeves bij Roussillon

overheersen pijnbomen en fruitboomgaarden: Orange is de poort naar de Provence. Het hart van de stad wordt gevormd door een plein ter grootte van twee voetbalvelden, met platanen en terrassen. De Cours Aristide Briand leidt langs de rand van het historische centrum; hier kunt u het beste de auto parkeren. Het antieke theater staat er al 2000 jaar. Orange is in vele opzichten de gedroomde Provence-stad: al sinds de Oudheid wonen er mensen in deze zonovergoten stad, die met de pompeuze belle-époquebalkonnetjes zijn laatste grote stedenbouwkundige verandering onderging. Hier en daar vindt u nog wat restjes Middeleeuwen en Renaissance, maar de sfeer is overwegend arbeidzaam en profaan. Sinds een burgemeester van het Front National het hier voor het zeggen heeft, is de naam van Orange echter wel besmet geraakt.

Bezienswaardigheden

Amfitheater: okt.-mrt. dag. 9–12, 13.30–17, anders 9–18.30 uur.
Achter de strenge, van de stad afgewende façade gaat het best bewaarde Romeinse theater (1e eeuw) van Europa schuil. Het betreft een bouwkundig meesterwerk; de akoestiek bewijst zich elk jaar weer bij de opera-uitvoeringen tijdens de Chorégies.

Colline St-Eutrope: een Mariabeeld op de heuvel achter het amfitheater waakt over de stad. Van de voet van dat beeld hebt u het mooiste uitzicht op de nauwe straatjes van de binnenstad.

Triomfboog: strijdende legionairs begroeten al sinds 20 v. Chr. bezoekers uit het noorden. De drie bogen vormen de 'poort naar de Provence'.

Musée municipal: okt.-mrt. dag. 9–12, 13.30–17, anders 9–19 uur.
Stedelijk museum met onder meer stenen van de Romeinse stad, portretten van leden van het Huis van Nassau uit de tijd van het vorstendom Orange en gewaden van bisschoppen van Orange.

Winkelen

Markt: Rue St-Martin, do. ochtend. Noga uit Montélimar, honing van de Mont Ventoux, olie uit de Baronnies.

Le Palais des Vins: RN 7 naar Avignon, dag. 120 wijnboeren uit het Rhônedal onder één dak.

Feest en evenement

Les Chorégies: 12 juli-5 aug., internationaal operafestival in het antieke theater, tel. 04 90 34 24 24 (reserveringen), www.choregies.asso.fr

Office de Tourisme: Cours Aristide Briand, 84100 Orange, tel. 04 90 34 70 88.

Hôtel Arène: Pl. de Langes, tel. 04 90 34 10 95, fax 04 90 11 40 45, www.avignon-et-provence.com/hotel-arene, nov.-half dec. gesl., 2 pk vanaf € 67.
Een van de betere Provençaalse hotels, in een perzikkleur gemoderniseerd. Het plein voor het hotel laat maar beperkt verkeer toe. De kamers met balkon zijn ideaal voor een ontbijt op de kamer, met huisgemaakte confiture.

Le Yaca: 24, Pl. Sylvain, tel. 04 90 34 70 03, di. avond, wo. gesl., menu € 11–21.
Prima keuken en sfeer, waarvan de vele stamgasten een bewijs zijn.

Trein: station, Av. Frédéric Mistral. TGV naar Parijs en Marseille, treinen naar Valence, Avignon en Carpentras. Tel. 08 36 35 35 35.
Bus: busstation, Cours Pourtalès. Verbindingen met de omgeving, inlichtingen tel. 04 90 34 15 59.

Roussillon (D 4)

De bergen rond dit dorp zijn helemaal rood, een kleur die mooi versmelt met de façades. Het rood in het gesteente komt van een enorme okervindplaats. Oker is al sinds de Oudheid populair als kleurstof en tot 1975 werd er rond Roussillon nog druk naar gegraven. Daardoor ontstond er hier een soort 'Provençaals Colorado'. De steengroeven zijn nu het domein van toeristen;

ondanks de vele souvenirwinkels blijft Roussillon (1200 inwoners) 'een van de mooiste dorpen van Frankrijk'.

Bezienswaardigheden

Val des Fées: de niet langer gebruikte okergroeven met daarboven de rode Falaises de sang doen denken aan de Grand Canyon. Bij de begraafplaats begint het Sentier des Ocres (educatief pad).

Chaussée des Géants: okerrode en knalgele rotsen in het zuidoosten (D 149), blootgelegd door erosie.

Conservatoire des Ocres et Pigments: Rte. d'Apt, D 104, mrt.-nov. 9–18.30, anders op afspraak, tel. 04 90 05 66 69.
Deze tentoonstelling annex kinderparcours annex boutique is gewijd aan de oker- en pigmentwinning en gevestigd in de vroegere okerfabriek Mathieu.

Office de Tourisme: Pl. de la Poste, 84220 Roussillon, tel./fax 04 90 05 60 25.

Le Mas de Garrigon: Rte. de St-Saturnin, tel. 04 90 05 63 22, fax 04 90 05 70 01, www.masdegarrigon-provence.com, 2 pk vanaf € 107.
Een okerkleurig buitenhuis in de Garrigue. Kamers met terras. Er is een lounge met boeken en een zwembad om te luieren.

Le Bistrot de Roussillon: Pl. de la Mairie, tel. 04 90 05 74 45, wo., half nov.-half mrt. gesl., menu circa € 30.
Een terras aan het plein, een tweede aan de achterkant bij de okerrotsen en binnen een gezellige zaal met een schouw: al met al een typische dorpsbistro, natuurlijk met stevige kost.

St-Maximin-la-Ste-Baume (G 7)

Het land om dit stadje (9600 inwoners) is zo plat als een dubbeltje, wat de verschijning van het Massif de la Ste-Baume in het zuiden, waaraan St-Maximin het achtervoegsel in zijn naam dankt, des te indrukwekkender maakt. De H. Magdalena speelde een beslissende rol bij de stichting van de stad, in de 13e eeuw: ze zou 30 jaar lang in de bergen boete hebben gedaan voordat de engelen haar brachten waar nu de basiliek van St-Maximin-la-Ste-Baume staat. Sindsdien is het een bedevaartsoord, waar Lodewijk XIV ook ooit een bezoek bracht.

Bezienswaardigheden

Ste-Marie-Madeleine:
9–12, 14–18 uur.
De basiliek is het belangrijkste gotische religieuze gebouw van de Provence. Karel II liet hem in 1295 bouwen op de plek waar de H. Magdalena begraven zou liggen (crypte met sarcofagen en relikwieën). Door het hoge koorvenster valt het zonlicht mooi op het schitterend gouden barokke altaar.

Couvent Royal: dit in 1630 gemoderniseerde klooster naast de basiliek is nu een hotel. Het laat-barokke Hôtel de Ville was het gastenverblijf van het klooster.

Hoogtepunt 11

Massif de la Ste-Baume: de H. Magdalena zou in een grot (die momenteel vanwege steenslag gesloten is) van het 1000 m hoge gebergte boete hebben gedaan. Vroeger maakten daarom pelgrims de 12 km lange tocht over de grotendeels kale rotsen; tegenwoordig komen hier vooral wandelaars voor het fraaie uitzicht. Aan de voet van de steile rotsen ligt een 140 ha groot oerbos met een unieke vegetatie. Met de auto krijgt u op het traject Gémenos, Plan d'Aups, Nans-les-Pins een indruk van de adembenemende schoonheid van de Ste-Baume.

Sport

Wandelen: rond Nans-les-Pins zijn diverse korte en langere wandelingen uitgestippeld (routebeschrijvingen bij het Office de Tourisme). De beklimming van de Ste-Baume vanaf de Hôtellerie (D 95) is beslist de moeite waard. Het einddoel is de St-Pilon-kapel (994 m), met uitzicht op de Middellandse Zee en de Montagne Ste-Victoire.

Winkelen

Markt: Place Malherbe, do. ochtend. Een van de mooiste markten van het departement Var.

Office de Tourisme: Hôtel de Ville, 83470 St-Maximin-la-Ste-Baume, tel. 04 94 59 84 59.

Hôtellerie de la Ste-Baume: 83640 Plan d'Aups, tel. 04 42 04 54 84, fax 04 42 62 55 56, 2 pk vanaf € 22. Eenvoudige kamers in het klooster van de zusters van de Sacré-Cœur de Notre-Dame (ook voor lunch en diner). U kunt hier genieten van de hemelse stilte op het platteland en het prachtige uitzicht op de Magdalenagrot.

Lou Pèbre d'Ai: 83640 Plan d'Aups, tel. 04 42 04 50 42, fax 04 42 04 50 71, 2 pk vanaf € 45. Degelijk Logis de France-hotel met twaalf kamers in de afzondering van een bergdorpje aan de voet van het Massif de la Ste-Baume. Er is een tuin met zwembad; de maaltijden zijn verzorgd Provençaals.

Hotellerie du Couvent Royal: Pl. Jean Salusse, tel. 04 94 86 55 66, fax 04 94 59 82 82, www.hotelfp-saintmaximin.com, 2 pk vanaf € 65. Dit voormalige klooster ligt midden in de stad, maar is toch heel rustig. U eet binnen onder een gotisch gewelf, buiten op het terras.

Relais de la Magdeleine: 13420 Géménos, aan de N 396, tel. 04 42 32 20 16, fax 04 42 32 02 26, www.relais-magdeleine.com, dec.-half mrt. gesl., 2 pk vanaf € 108. Achter deze met platanen omzoomde laan kunt u in alle rust genieten van de sfeer van een 18e-eeuws Provençaals kasteeltje. Betoverend.

St-Paul-Trois-Châteaux (A 1)

Dit middeleeuwse stadje (6800 inwoners) op de linkeroever van de Rhône is de oude hoofdstad van de Tricastin, een regio die bestuurlijk niet bij de Provence hoort, maar die wat karakter betreft zuidelijker aandoet dan veel streken dichter naar de Middellandse Zee toe. De kerk van St-Paul is natuurlijk romaans. Omdanks de toevoeging 'Trois Châteaux' in de naam vindt u hier geen kasteel. Daar staat tegenover dat St-Paul-Trois-Châteaux als de hoofdstad voor de truffel geldt (zie Extra-route 1, blz. 108).

Bezienswaardigheden

Kathedraal: Provençaals-romaanse kerk (11e-12e eeuw). De nogal grof uitgevallen toren is afgewerkt met een 17e-eeuwse smeedijzeren dakruiter.

Maison de la Truffe du Tricastin: Rue de la République, nov.-mrt. ma.

14–18, di.-za. 9–12, 14–18, apr. / okt. ook zo. 10–12, 14–18, mei-sept. ma. 15–19, di.-za. 9–12, 15–19, zo. 10–12, 15–19 uur.
Hier komt u alles te weten over de 'zwarte diamanten'. Men verkoopt truffelconserven en wijn van de AOC Coteaux du Tricastin.

Feest en evenement

Fête de la Truffe: truffelfeest op de tweede zo. van feb. Verkoop, proeverijen, bezichtigingen.

Office de Tourisme: Pl. de l'Hôpital, 26130 St-Paul-Trois-Châteaux, tel. 04 75 96 61 29, fax 04 75 96 74 61.

L'Esplan: 15, Pl. de l'Esplan, tel. 04 75 96 64 64, fax 04 75 04 92 36, half dec.-half jan. gesl., www.esplanprovence.com, 2 pk vanaf € 58.
Dit 400 jaar oude paleisje ligt midden in het stadje. De mooiste kamers zijn nr. 100, die uitzicht biedt op de binnenplaats en de palmbomen, en nr. 101 met een grote haard. Het hotel organiseert truffelweekends (nov.-maart, één overnachting, drie truffelmenu's, zoektocht met honden, proeverij, bezichtiging van het Maison de la Truffe en het Château de Grignan).

La Ferme St-Michel:
aan de D 341, 26130 Solérieux, tel. 04 75 98 10 66, fax 04 75 98 19 09, www.fermesaintmichel.com, 2 pk vanaf € 60.
Te midden van eikenbos en wijngaarden kunt u in een van de 15 kamers van deze boerderij overnachten. Eigenares Susanne Laurent organiseert truffelzoektochten voor groepen.

Le Manoir de la Roseraie: 26230 Grignan, Chemin des Grands-Prés, tel. 04 75 46 58 15, fax 04 75 46 91 55, www.manoirdelaroseraie.com, 2 pk vanaf € 145.
Dit herenhuis staat beneden het slot. Het zwembad en de tennisbaan zijn afgeschermd door muren. De kamers bieden uitzicht op de Mont Ventoux en de Dentelles de Montmirail.

Vrijwel elk dorpje in de Provence houdt wel een wijnfeest

L'Esplan: zie onder 'Hotels', za. middag, zo. avond gesl., menu € 18–39.
Chef-kok Cédric Denaux beveelt aan: gegrilde kwartel, picodon-schapenkaas met truffelazijn en *crème glacée* met kastanjepuree.
La Chapelle:
5, Impasse Ludovic de Bimard,
tel. 04 75 96 60 88,
zo. avond gesl., menu € 28–38.
's Zomers eet u op de koele binnenplaats, 's winters onder het tongewelf van de knusse eetzaal die vroeger als kapel dienst heeft gedaan. Jakobsschelpen met warme geitenkaas, uiteraard *aux truffes*.

Uitstapjes

Château de Grignan (B 1):
dag. 9.30–11.30, 14–17.30 uur,
nov.-mrt. di. gesl.
Het Château de Grignan torent trots boven de wirwar van steegjes uit. Dit mooiste renaissancekasteel van Zuidoost-Frankrijk lijkt het omliggende dorpje welhaast te verpletteren. Madame de Sévigné stuurde 300 jaar geleden de ene brief na de andere aan haar dochter, die hier woonde, over de mode en de nieuwste geruchten uit Parijs. Het uitzicht vanaf het terras over het dal van de Rhône is fantastisch.

Hoogtepunt 12

Richerenches (B 1): het is nauwelijks voorstelbaar dat in dit piepkleine dorpje de grootste en mooiste **truffelmarkt** (nov.-feb. za. 9–12.30 uur) van de wijde omgeving plaatsvindt (zie Extra-route 1, blz. 108). Op de eerste zo. na 15 jan. (St. Antonius) is er in de kerk van het dorpje een **truffelbeurs**, gevolgd door een veiling.

Wijnkunde met diploma

U wilt aan tafel ook wel eens slimme opmerkingen maken over bouquet en afdronk? Of zelfs sommelier worden? Dan bent u in de burcht van het wijndorp Suze-la-Rousse (B 2) bij St-Paul-Trois-Châteaux aan het juiste adres. Op de enige wijnuniversiteit ter wereld worden in wijnrecht gespecialiseerde juristen, sommeliers en enologen opgeleid. Na een aantal semesters wordt een diploma uitgereikt. Voor amateurs zijn er de weekendcursussen (*dégustations des vins*, twee dagen € 305, vier dagen € 630), een proeverij van topwijnen (*dégustations des grands vins*, één dag € 300) en een- of tweedaagse cursussen ('wijnen uit Bourgondië, 'wijnen uit het Rhônedal', 'opstellen van een wijnkaart', etc.). Santé!
Université du Vin,
Le Château, Suze-la-Rousse,
tel. 04 75 97 21 34,
www.université-du-vin.com

St-Rémy-de-Provence (B 5)

Dit stadje (9500 inwoners) is een bedevaartsoord voor allerhande cultuurliefhebbers. Vincent van Gogh vond hier tijdelijk onderdak in het klooster nadat hij zijn oor had afgesneden. De Griekse en Romeinse opgravingen van Glanum behoren tot de belangrijkste van de Provence. Nostradamus (1503–1566), Frankrijks meest vooraanstaande profeet, is in St-Rémy-de-Provence geboren. De wijn uit deze streek is heerlijk en de heuvelketen Les Alpilles is zeer geschikt voor leuke dagtochtjes.

Bezienswaardigheden

Monastère St-Paul-de-Mausole: in het zuiden, D 5, 9–12, 14–18 uur. Dit klooster (12e-18e eeuw) deed al eeuwen dienst als psychiatrische inrichting toen Vincent van Gogh hier van 1889–1890 werd opgenomen. Van Gogh schilderde hier maar liefst 150 werken. Romaanse kruisgang.

Promenade Van Gogh: wandeling in het voetspoor van de schilder. Route bij het Office de Tourisme.

Centre Van Gogh: Rue Estrine, mrt.-dec. di.-zo. 10.30–12.30, 14.30–18.30 uur, ma. gesl. Van Goghs leven, getekend aan de hand van brieven en documenten, in het barokke Hôtel Estrine.

Les Antiques en Glanum: in het zuiden, D 5, apr.-sept. dag. 9–19, anders 9–12, 14–17 uur. De Romeinse triomfboog en het mausoleum zijn rijk gedecoreerd. In de ruïne van Grieks-Romeinse stad Glanum zijn thermen, een forum, tempels en woonhuizen te onderscheiden.

Musée des Alpilles: Pl. Favier, mrt.-dec. dag. 10–12, 14–17, juli-aug. tot 19 uur. Klederdracht en tradities van Les Alpilles in het renaissancepaleis Mistral de Montdragon.

25 km platanen

De meest majestueuze laan met platanen in de Provence loopt van Plan d'Orgon via St-Rémy-de-Provence naar Tarascon – 25 km langs een haag kathedraalhoge stammen (D 99).

Musée Archéologique: Pl. Favier, juni-sept. di.-zo. 10–12, 14–18, ma. gesl., okt.-dec., feb.-mei vr.-zo., wo. tot 17 uur. Opgravingen uit Glanum in het middeleeuwse Hôtel de Sade.

Sport

Fiets- en wandeltochten door de Alpilles: brochure bij het Office de Tourisme.

Fietsverhuur: Locations Ferri, 35, Av. de la Libération, tel. 04 90 92 10 88.

Winkelen

Chocolatier Joel Durand: 3, Bd. Victor-Hugo. Bonbons met saffraan of tijm.

La Fabrique: 25, Bd. de la Libération. Manden, lampenkappen en meubilair, allemaal gevlochten van wilgenriet.

Château Romanin: aan de D 99, tel. 04 90 92 45 87. Biologische wijnen van de AOC Les Baux-de-Provence. Tip: de wijn uit 1999 met de aroma's van zwarte bessen en bosbessen.

Domaine des Terres Blanches: aan de D 99. Biologische wijnen van de AOC Coteaux d'Aix-Les-Baux.

Feest en evenement

Fête de la Transhumance: Pinkstermaandag, van oorsprong een feest ter ere van het veedrijven, tegenwoordig een grote rommelmarkt annex braderie in de open lucht.

Féria: 15 aug., *courses camarguaises* (stierenvechten) en *abrivados* (het vrijlaten van de stieren in de steegjes). 's Ochtends vindt verder nog de *caretto ramado* plaats, een optocht met een met bloemen versierde wagen die door paarden wordt voortgetrokken.

Office de Tourisme: Pl. Jean-Jaurès, 13210 St-Rémy-de-Provence, tel. 04 90 92 05 22, www.saintremy-de-provence.com

Château de Roussan: Rte. de Tarascon, tel. 04 90 92 11 63, fax 04 90 92 37 32, www.chateau-de-roussan.com, 2 pk vanaf € 71.
In dit lichtelijk gehavende kasteel krijgt u geen kamer, maar een zaal. De met kathedraalhoge platanen omzoomde oprit doet koninklijk aan.

Les Ateliers de l'Image:
Traverse de Borry, 5, av. Pasteur, tel. 04 90 92 51 50, fax 04 90 92 43 52, www.hotelphoto.com, 2 pk vanaf € 150; voor groepen is er landhuis Le Mas du Berger achter het hotel: max. 10 personen € 2000 per week, incl. ontbijt.
Een designhotel als totaalkunstwerk, met fotogalerie, park en zwembad met uitzicht op Les Alpilles. Degelijke, maar elegante kamers. Die in de oude bioscoop ('Atelier') zijn kleiner dan die in het hoofdgebouw ('Provence'), en de laatste zijn aanzienlijk luxueuzer – en duurder.

Domaine de Valmouriane:
Petite Route des Baux (D 27), tel. 04 90 92 44 62, fax 04 90 92 37 32, www.valmouriane.com, 2 pk vanaf € 160.
Bij dit huis horen 6 ha prachtig Alpilles-landschap. Tennisbaan, zwembad en jacuzzi. Drie van de naar Franse dichters vernoemde kamers hebben een terras met prieel.

Château des Alpilles:
D 31 (oude weg naar Les Baux), tel. 04 90 92 03 33, fax 04 90 92 45 17, half nov.-kerst, week van 2 jan.-half feb. gesl., 2 pk vanaf € 160.
Luxueus 19e-eeuws kasteel: sauna, zwembad en een prachtig park.

Le Mistral Gourmand: 12, Av. Durant Maillane, tel. 04 90 92 14 65, alleen 's avonds, zo. gesl., menu € 22.
Smalle bistro, die zich wat buiten de toeristische route bevindt. Gezellige sfeer en smakelijke zuidelijke gerechten, die afhankelijk zijn van het marktaanbod.

Le Bistro des Alpilles:
15, Bd. Mirabeau,
tel. 04 90 92 09 17, menu € 25.
Instituut dat door het grote aantal bezoekers uit zijn voegen dreigt te barsten. Aanrader: het lamsvlees.

Alain Assaud: 13, Bd. Marceau, tel. 04 90 92 37 11, wo., do., za. middag gesl., menu € 23–36.
Balken, natuurstenen muren, blauwgeruite tafelkleedjes – Assaud biedt een rustieke inrichting en een Provençaalse keuken. *Anchoiade,* kapoen in *bourride.*

La Maison jaune: 15, Rue Carnot, tel. 04 90 92 56 14, ma., di. middag, 's winters zo. avond, di. middag gesl., menu € 29–53.
De gevel is geel, het interieur lijkt wel te zijn bedacht voor een architectuurtijdschrift, de keuken is Provençaals: gegrilde sardines, duif in wijn.

Salon-de-Provence (C 6)

Salon-de-Provence (34.000 inwoners) staat in het teken van een hooggeëerde profeet, want ooit kwam koning Karel IX hier al naartoe om zich te verstaan met Nostradamus. Veel meer dan diens woonhuis valt er vandaag de dag niet te bezichtigen. De cafés rond de met een dikke laag mos bedekte fontein La Fontaine Moussue aan het Place Croustillet zijn bijzonder uitnodigend.

Bezienswaardigheden

Château-Musée de l'Empéri: apr.-sept. wo.-ma. 10–12, 14.30–18.30, anders tot 18 uur, di. gesl.
Het kasteel waar tussen de 10e en de 16e eeuw de bisschoppen van Arles woonden torent boven de stad uit. Binnen vindt u een legermuseum, met een overzicht van Lodewijk XIV tot de 20e eeuw.

Maison de Nostradamus: Rue Nostradamus, juni-aug. dag. 9.30–12, 14–18.30, anders 9–12, 14–18 uur.
Hier kwam de ziener / astroloog / waarzegger in 1547 wonen. Binnen vertellen wassen beelden het verhaal van zijn leven.

Place Croustillet: La Fontaine Moussue heerst als een reusachtige, bemoste paddestoel over dit mooie plein.

Musée Grévin: Pl. des Centuries, juni-aug. dag. 9.30–12, 14–18.30, anders 9–12, 14–18 uur.
Wassenbeeldenkabinet van de mythen en helden van de Provence.

Musée de la Crau: Av. Donadieu, ma.-vr. 10–12, 14–18, za., zo. 14–18 uur.
Reliëfkaart van de Crau en een ornithologische collectie. In de tuin staan olijfpersen.

Delicatessen

Aan het plafond hangen worsten en ham, in de etalage ligt paté en in de schappen staat olie. Alle heerlijkheden van de Haute-Provence hebben een plaats gekregen in de ouderwetse *epicerie* van monsieur Maurice. Om maar twee specialiteiten te noemen: *cacheille*, een in brandewijn gerijpte geitenkaas, en *brindilles*, dunne harde worstjes.

Epicerie Melchio Maurice, Pl. de la République, Banon, tel. 04 92 73 23 05, ma gesl.

Winkelen

Savonnerie Marius Fabre: 148, Av. Paul-Bourret, www.marius-fabre.fr, rondleidingen ma., do. 10, 11 uur.
Al vanaf de oprichting van deze zeepfabriek in 1900 is de *savon de Marseille* een klassieker. In de fabriek worden ook parfums en tafellinnen geproduceerd.

Domaine des Béates: Rte. de Caireval, 13410 Lambesc, 12 km westelijker.
Uitstekende wijnen van de AOC Coteaux d'Aix.

Château Calissane: D 10, 13680 Lançon-Provence, 5 km zuidelijker.
Barrique-rode wijnen van Clos Victoire en stevige witte wijnen.

Feest en evenement

Festival de Jazz: juli.

Nuits théâtrales de l'Empéri: aug., theaterfestival in het voormalige bisschoppelijk paleis.

Office de Tourisme: 56, Cours Gimon, 13300 Salon-de-Provence, tel. 04 90 56 27 60.

Abbaye de Ste-Croix: Val de Cuech, tel. 04 90 56 24 55, fax 04 90 56 31 12, 2 pk vanaf € 205.
Ooit was dit barokke gebouw op het platteland een klooster, tegenwoordig is het een hotel met een restaurant met 1 Michelin-ster – menu € 60 (ma.-vr. middag)-88.

La Salle à manger: 6, Rue du Maréchal-Joffre, tel. 04 90 56 28 01, zo. avond, ma. gesl., menu vanaf € 15 ('s middags).

In deze zeer gestileerde oude villa krijgt u onder meer lamsvlees met tapenade en tonijnsteak voorgeschoteld.

Bus: busstation, Place Morgan. Bussen naar Istres, Arles, Aix, Marseille en Avignon.

Uitstapjes

Crau (B 6): deze steppe tussen de Camargue en Les Alpilles is een broedgebied voor 120 vogelsoorten. Kudden schapen zorgen van oudsher voor het ecologische evenwicht.
Zoo (D 6): dit 40 ha grote Parc Zoologique de la Barben bij Pelissanne (N 572, tel. 04 90 55 19 12, www.zoolabarben.com) huisvest onder andere leeuwen, nijlpaarden en giraffen.
St-Cannat (D 6): Le Village des Automates (N 7, tel. 04 42 57 30 30, www.netbus-info.com/automates.htm) heet het dorp waar Gulliver, de dwergen en Doornroosje te vinden zijn. De voormalige etaleur Bernard Bremont heeft 500 poppen en sprookjes gecreëerd, die met een druk op de knop in beweging worden gezet.

Simiane-la-Rotonde (E 3)

Dit dorpje (100 inwoners) is niet getooid met een sierlijke klokkentoren, maar in plaats daarvan rijst een ronde kolos boven de daken en de eenzaamheid van de Haute-Provence uit: de Rotonde. De kolossale toren is zo uniek en karakteristiek dat hij een vermelding kreeg in de naam van het dorpje: Simiane-la-Rotonde. Generaties kunsthistorici en archeologen hebben zich het hoofd gebroken over de herkomst van de toren. De een is van mening dat de Rotonde een wachttoren van de allang verwoeste burcht is, tegenstanders wijzen daarentegen op de stenen gezichten in de koepelzaal en zien in de toren een middeleeuwse gewijde plaats. Hoe het ook zij – niemand kan zich onttrekken aan de magie van de Rotonde.

Boeken en kaarten

Boekhandel Le Bleuet heeft 45.000 titels in het assortiment, waaronder 479 delen van de pretentieuze Pléiade-reeks. Geen wonder dat het tijdschrift 'Nouvel Observateur' de boekhandel tot een van de tien beste van Frankrijk heeft gekozen. Het succes is aan één man te danken: Joel Gattefossé. De dynamische eigenaar zorgt doorlopend voor een juiste balans: veel literatuur en daarnaast wandelkaarten en reisgidsen voor toeristen… en schrijfwaren en ansichtkaarten om het geheel te completeren.
Librairie-Papeterie Le Bleuet, Place St-Just, Banon, tel. 04 92 73 25 85.

Bezienswaardigheden

La Rotonde: Le Haut Village, half juni-aug. ma.-za. 10–12.30, 15–19, zo. 15–19 uur, apr.-half juni, sept. wo.-ma. 15–17 uur.
Ronde toren (12e eeuw), waarvan van de sobere buitenkant de sierlijke steenhouwerswerken in het interieur niet zijn af te lezen.

Sport

Wandelen

Les Gorges d'Oppedette (E 4): aan de voet van Oppedette (9,5 km zuidelijker) heeft de Calavon een 150 m diepe kloof uitgesleten. De 8 km lange

rondwandeling door de kloof begint in het dorp.

Het **langeafstandspad GR 4** voert vanuit het dorp naar de Abbaye de la Rose (nieuw klooster op een boerderij, met rosarium). Van daaruit kunt u naar de ruïne van de cisterciënzerabdij Valsaintes lopen (in totaal 15 km, IGN-kaart 'Apt' 1:25 000).

Winkelen

Poterie de la Rotonde:
Le Haut Village, tel. 04 92 75 90 90.
Eersteklas serviezen van klei, mooi gevormd en in de kleuren van de Provence: saladeschalen, borden, kannen en nog veel meer.

Aux Plaisirs des Yeux:
Le Haut Village, tel. 04 92 75 94 58, do.-di. 9.30–19 uur.
Houten speelgoed, wandelgidsen, kaarten en een taart op bestelling – niets is onmogelijk. Voor een sandwich, een gebakje en een drankje betaalt u hier € 5.

Feest en evenement

Les Riches Heures Musicales de la Rotonde: eind juli-half aug., informatie en reserveringen:
tel. 04 92 75 90 14,
www.francefestivals.com/simiane
Klassieke concerten en zang in de Rotonde.

Bij Simiane-la-Rotonde: landschap van de Haute-Provence

Syndicat d'Initiative: Le Haut Village, 04150 Simiane-la-Rotonde, tel. 04 92 75 91 40, half juni-half sept., www.simiane.free.fr. Buiten het hoogseizoen kunt u in de Mairie (stadhuis, Le Haut Village, tel. 04 92 75 91 40) een overzicht van accommodatie en restaurants krijgen.

Les Granges de Saint Pierre: Le Faubourg, tel./fax 04 92 75 93 81, 2 pk € 56. Drie chambres d'hôtes in de bijgebouwen van een voornaam landhuis. Elegante en hedendaagse inrichting met warme okertinten. Een aangenaam extraatje is het zwembad en de ruime salon.

La Maison de Brian: Le Haut Village, tel./fax 04 92 75 92 08, mei-okt., vakantiehuis voor max. zeven personen vanaf € 275 per week.
Vijf kamers in een huis met allerlei hoekjes, ingericht met antiek en op een rustige locatie in Le Haut Village. Veel ruimte binnen en een knus tuintje voor de deur.

La Palette: Le Haut Village, tel. 04 92 75 95 43, half juni-aug. dag., à la carte € 18. Bar-saladerie met een kleine bistrokaart en grote salades. Mooi gelegen bij de oude markthal.

Auberge de Rustréou: 3, Pl. de la Fête, 84400 Rustrel, 14 km zuidelijker, tel. 04 90 04 90 90, menu vanaf € 20.
Sympathiek dorpsrestaurant, waarvan de kaart een eerbetoon aan de Provençaalse keuken is: onder meer *cassolette d'escargots à la provençale* (slakken) en *soupe au pistou* (groentesoep).

Uitstapjes

Le Saut du Moine (E 4): D 201, richting Oppedette. Auto bij het bospad (links, bordje) laten staan. Wandeling van 1 km.
De kleine waterval is een populaire picknickplaats. Bij voldoende water kunt u in het rotsbekken zwemmen.

Observatoire de Haute-Provence (F 4): 04870 St-Michel-l'Observatoire, 23 km oostelijker, tel. 04 92 70 64 00, apr.-sept. wo. 14–16, anders wo. om 15 uur.
Wereldberoemde sterrenwacht in een bergdorpje (zie blz. 77).

Sisteron (G 2)

Sisteron (6600 inwoners) is al sinds het begin van het toerisme een klassieke halteplaats onderweg naar het zuiden. Daar waar deze stad met zijn citadel over het rotsige Durance-dal waakt, ligt de grens tussen noord en zuid. Vanaf hier wordt niet meer in boter, maar in olie gebakken, iets wat Sisteron in zekere zin beroemd heeft gemaakt: lamsvlees uit Sisteron is in heel Frankrijk een begrip.

Bezienswaardigheden

Notre-Dame-des-Pommiers: juli-aug. dag. 9–18 uur, anders onregelmatig (meestal 's middags).
Deze romaanse kathedraal (12e eeuw) verenigt Provençaalse en Lombardische stijlelementen. De ramen zijn klein, waardoor het binnen erg donker is.

Citadel: apr.-half nov. dag. 9–18, juli-aug. 9–20 uur.
De vesting dient al sinds de 12e eeuw als grendel van het Durance-dal. Tot aan het begin van de 19e eeuw werd er aan het complex vertimmerd, zonder dat het middeleeuwse karakter werd aangetast. Het uitzicht op de Durance, de Alpes Maritimes en de Montagne de Lure is fenomenaal.

Musée de la Citadelle: citadel, apr.-half nov. dag. 9–18, juli-aug. 9–20 uur.
De geschiedenis van de vesting en memorabilia van Napoleon; onderweg van Elba kwam hij hierlangs.

Musée Scout Baden-Powell: 6, Rue de la Mission, apr.-sept. wo. 15–18 uur. Geschiedenis van de padvinderij.

Sport

Plan d'Eau des Marres: Les Marres, mei-okt., juli-aug. Toezicht 11–19 uur.
Openluchtzwemcomplex aan de oever van de Durance, met strand, bar en boule-piste.

Winkelen

Markt: Place de l'Horloge, wo., za. ochtend. Worst, ham, bergkaas, noga, confituren. Elke twee weken veemarkt op za.

Office de Tourisme: Hôtel de Ville (stadhuis), 04200 Sisteron, tel. 04 92 61 36 50, fax 04 92 61 19 57.

Grand Hôtel du Cours: Le Cours, tel. 04 92 61 04 51, fax 04 92 61 41 73, 2 pk vanaf € 44.
Wie naar het centrale plein gaat, kan dit oerdegelijke hotel niet missen, want het staat aan de hoofdweg door Sisteron. De hal is indrukwekkend, *très vieille France*, maar ook de met stijlmeubels ingerichte kamers zijn beslist uitstekend.

Camping Le Jas du Moine: 04290 Salignac (6 km via de D 4), tel. 04 92 61 40 43, fax 04 92 61 10 24.
Rustige locatie, aan de linkeroever van de Durance. Verhuur van bungalows en caravans.

Grand Hôtel du Cours: zie onder 'Hotels', menu € 20–25.
Degelijk en altijd betrouwbaar adres voor de klassieke Franse keuken.

Les Becs Fins: 16, Rue Saunerie, tel. 04 92 61 12 04, wo., zo. avond gesl. (behalve juli, aug.), menu € 21–47.
Het beste adres van Sisteron voor lamskoteletjes en eendenborst bevindt zich in een verkeersluwe straat in het centrum. De menukaart vermeldt een grote keuze aan goedkope tot duurdere menu's.

Trein: station, Av. de la Libération. Treinen naar Marseille, Gap en Briançon. Inlichtingen op tel. 08 36 35 35 35.

Uitstapjes

Les Mées (G 3): deze tot 100 m hoge rotsen steken als enorme rode asperges langs de rivier omhoog.

Prieuré de Ganagobie (G 2): hoog boven de rechteroever van de Durance ligt deze benedictijnenpriorij op de rotsen. De romaanse kerk (vloermozaïek in het koor, rijkbewerkt portaal en tympaan) is te bezichtigen (di.-zo. 15–17 uur). Het uitzicht over de Durance en het Plateau de Puimichel aan de rechteroever en op de Alpen is adembenemend.

Tarascon (A 5)

In Tarascon (11.000 inwoners), aan de Rhône, eindigt bestuurstechnisch de Provence. De rivier vormt de grens met de naburige regio Languedoc; dat die grens al geruime tijd bestaat wordt benadrukt door het krijgszuchtig ogende kasteel van Beaucaire, aan de overkant. Tarascon en Beaucaire stonden regelmatig als kemphanen tegenover elkaar, maar dat is verleden tijd. Ook de hoon die Tarascon ten deel viel dankzij de door Daudet beschreven 'Tartarin de Tarascon' is nu wel achter de rug: de plaats weet Daudet en diens werk aardig te gelde te maken.

Bezienswaardigheden

Château: Pasen-sept. dag. 9–19, anders 9–12, 14–17 uur.
Dit kasteel aan de Rhône (13e eeuw) is goed bewaard gebleven. Zowel gotische als renaissancistische stijlelementen zijn vertegenwoordigd.

Cloître des Cordeliers: Rue Ledru Rollin, dag. 10–12, 15–19, 's winters tot 18 uur.
Barok kloosterkomplex, waar vandaag de dag een cultureel centrum is gevestigd.

Musée Charles Deméry: 39, Rue Proudhon. Bezichtiging op afspraak, dag. 10 en 15 uur. Souleiado-boetiek: ma.-za. 10–12, 14–18 uur.
In 1740 werd Souleiado als een familiebedrijfje opgericht, tegenwoordig wordt onder die naam de stof verkocht die in elk huis dat een zuidelijke sfeer wil uitstralen onmisbaar is. In de collectie zijn onder andere 40.000 stempels te bewonderen.

La Maison de Tartarin:
55bis, Bd. Itam, half mrt.-half dec. ma.-za. 10–12, 13.30–17, 's zomers tot 19 uur.
Het huis waar Daudets antiheld Tartarin gewoond zou hebben, is vandaag de dag een literair museum. In de tuin ligt het monster uit Daudets roman, La Tarasque, op de loer.

Sport

Wandeling naar de Abbaye St-Michel-de-Frigolet (A 4): routebeschrijvingen bij het Office de Tourisme (16 km door het bos, 4,5 uur). In de abdij (bezichtiging 's winters 15, 's zomers 15.30, zo. 16 uur) op de bergrug La Montagnette wordt een likeur vervaardigd en verkocht.

Feest en evenement

Bedevaart naar de Notre-Dame du Château: begin mei.

Foire aux fleurs: Pinksteren, bloemenfeest met verkoop.

Fête de la Tarasque: eind juni, volksfeest met folkloristische optredens.

Fête des Vendanges: okt., wijnfeest ter gelegenheid van de druivenoogst.

Office de Tourisme: Rue des Halles, 13150 Tarascon, tel. 04 90 91 03 52.

Hôtel des Echevins: 26, Bd. Itam, tel. 04 90 91 01 70, fax 04 90 43 50 44, van Allerheiligen tot Pasen gesl., 2 pk vanaf € 52.
Verzorgd adres in een 17e-eeuws huis aan de ringweg om de binnenstad. Zeer centraal gelegen.
Chambres d'hôtes du Château: 24, Rue du Château, tel. 04 90 91 09 99, fax 04 90 91 10 33, 2 pk vanaf € 65.
Dit opvallend mooie gebouw in een steeg in de oude stad biedt vier comfortabele kamers. Er is ook een binnenplaats.

Le Mistral: Hôtel des Echevins (zie onder 'Hotels'), wo., za. middag, zo. avond gesl., menu € 15–21.
Michel Regalido: Rue F. Mistral, 13990 Fontvieille, tel. 04 90 54 60 22, di. middag, ma. en jan.-half feb. gesl., menu vanaf € 46.
Voor de gratin met Bouzigues-mosselen en spinazie en het Alpilles-lam met ingelegde teentjes knoflook kreeg dit restaurant een Michelin-ster. U eet in de molen, of bij mooi weer in de tuin.

Trein: station, Bd. Gustave Desplaces. Treinen naar Nîmes en Avignon, tel. 08 36 35 35 35.

Uitstapjes

Fontvieille (A 5): okt.-apr. 10–12, 14–17, anders 9–12, 13.30–18 uur.
De molen aan de rand van het dorp is beroemd geworden door het boek 'Lettres de mon moulin' van Alphonse Daudet. U vindt hier enkele uitstekende restaurants.

Vaison-la-Romaine (C 2)

De oude kern van Vaison (5700 inwoners) ligt al sinds de Romeinse tijd statig aan de oever van de Ouvèze. In de Oudheid kende men de wispelturigheid van de rivier. Toen in 1992 hevige regenval een overstroming veroorzaakte, sleurde het water 50 inwoners van de gedachteloos op de oever gebouwde nieuwbouwwijk mee hun dood tegemoet, maar de Romeinse brug en de van de Middeleeuwen daterende oude stad weerstonden het water. In Vaison, dat in het verleden onder andere bisschopszetel en pleisterplaats van de graven van Toulouse is geweest, kunt u geen stap zetten zonder het verleden te voelen.

Bezienswaardigheden

Quartier de Puymin: de Romeinse opgravingen bevinden zich vooral in deze wijk op de rechteroever van de Ouvèze – met name het theater is een bezichtiging waard.
Quartier de la Villasse: een geplaveide weg en patriciërshuizen herinneren hier nog aan de Romeinse wijk. Daarnaast ontwikkelde zich in de Middeleeuwen de onderstad met de kathedraal Notre-Dame-de-Nazareth (Provençaals-romaans, met klooster, ma.-za. 9–12, 14–17, zo. 10–19 uur).
Ville Haute: in de bovenstad, op de linkeroever van de Ouvèze, vindt u oude poorten, kasseienstraatjes, paleizen en een kasteelruïne.
Musée archéologique Théo-Desplans: 9–13, 14–18 uur.
Vondsten uit de Romeinse stad.

Winkelen

Boucherie Millet: 14, Pl. Monfort.
Van heinde en verre komen de mensen naar deze winkel voor de olijvenworst

Kleurrijk: hotel annex benzinestation

'Le Pontias', die met aardappelsalade wordt gegeten.
Markt: di. grote markt, do. en za. kleinere weekmarkt.

Feest en evenement

Festival de Vaison-la-Romaine: 11–30 juli. Theater, muziek, zang, www.vaison-festival.com
Les Choralies: begin aug., koorwedstrijden.
Journées gourmandes: nov., culinair feest.

Office de Tourisme: Pl. du Chanoine Sautel, 84110 Vaison-la-Romaine, tel. 04 90 36 02 11.

Burrhus: 1, Pl. Monfort, tel. 04 90 36 00 11, fax 04 90 36 39 05, www.burrhus.com, half dec.-half jan. gesl., 2 pk vanaf € 44.
Centraal gelegen oud Provençaals hotel, dat behoedzaam is gerenoveerd. Aan de muren hangt moderne kunst.
Chambres d'hôtes l'Evêché: Rue de l'Evêché, tel. 04 90 36 13 46, fax 04 90 36 32 43, www.eveche.fr, 2 pk vanaf € 59.
In de bovenstad verhuurt Madame Aude Verdier vier kamers in een 300 jaar oud huis. De gasten mogen gebruikmaken van de salon en de bibliotheek.
Hostellerie Le Beffroi: Rue de l'Evêché, tel. 04 90 36 04 71, fax 04 90 36 24 78, www.le-beffroi.com, feb.-half mrt. gesl., 2 pk vanaf € 82.
Dit met veel antiek ingerichte pand uit de 16e eeuw past uitstekend in dit steegje in de oude stad. Met tuin.
Le Balcon de Rosine: Rte. de Propiac, 26170 Mérindol-les-Oliviers, 12 km westelijker, tel./fax 04 75 28 71 18, huis vanaf € 458 per week, 2 pk vanaf € 185 per drie dagen.
De 80 m² grote vakantiewoning en de drie chambres d'hôtes met kleine keuken (minimumverblijf drie dagen) zijn mooi gelegen en bieden een prachtig uitzicht op de Mont Ventoux.

La Table du Comtat: 84110 Séguret, tel. 04 90 46 91 49, fax 04 90 46 94 27,

www.table-comtat.com, 's winters zo., di., wo. gesl., anders di., wo. gesl., menu € 30–75.
Maître Cuisinier de France Franck Gomez nodigt u aan tafel uit. Zijn titel verplicht hem u maaltijden van het hoogste niveau voor te schotelen. De kamers van het kleine 16e-eeuwse hotel bij het restaurant zijn meestal volgeboekt.
Le Moulin à Huile: 1, Quai du Maréchal Foch, tel. 04 90 36 20 67, zo. avond, ma. gesl., menu € 65–72.
Uitstekend restaurant in een 12e-eeuwse molen of, mooier nog, op een terras boven de Ouvèze. Gegrilde duif met amandelen en als nagerecht aardbeien met nougatine-croquant.

Uitstapjes

Dentelles de Montmirail (C 2): de kam van deze bergrug (St-Amand 734 m) is net een kantwerkje *(dentelles)*. Er liggen hier beroemde wijndorpen, zoals Gigondas, Séguret en Beaumes-de-Venise.

Venasque (C 3)

Wie over het Plateau de Vaucluse naar Venasque wil reizen, heeft niet alleen vanwege de wegen doorzettingsvermogen nodig. In de hele omgeving zijn de bossen zo dicht en de in de witte kalkrotsen uitgesleten dalen zo ontoegankelijk dat het Plateau de Vaucluse tot op de dag van vandaag een verlaten bergketen is gebleven. Na een lange rit door het halfdonker van kermeseiken en beuken glinstert plotseling een enorm stenen schip in de zon. Het dorpje Venasque (800 inwoners) is op een kale rotspunt aan de grond gelopen. Langs de afgrond staan huizen, eronder heeft het bos plaatsgemaakt voor oeroude kersenbomen. Door de glimmende schors van de knoestige takken lijkt het alsof de bomen onder de last van de vruchten zullen bezwijken. 'Duivenhart' heet de lokale soort, een echte bergkers, vuurrood en met stevig vruchtvlees. Omdat kersen niet alleen goed smaken, maar ook goed te transporteren zijn, zijn de kersen van Venasque knallers op de Provençaalse markten.

Bezienswaardigheden

Notre-Dame: dag. 9–18 uur.
Romaans-gotische parochiekerk; weerbaar, zoals het een godshuis betaamt.
Baptistère: 10–12, 13–16 uur, zo. ochtend, wo. gesl.
Doopkapel uit de 7e eeuw, achter de parochiekerk Notre-Dame – waarschijnlijk het oudste christelijke sacrale bouwwerk van Frankrijk.

Sport

Wandelen en bergbeklimmen: bij het Office de Tourisme zijn twee brochures (alleen in het Frans) te verkrijgen: '10 Eenvoudige wandelingen rond Venasque' en voor klimmers 'Klimexcursies rond Venasque en in de Vaucluse'. De laatste is door klimprof Pierre Duret, lid van de Fédération Française de la Montagne et de l'Escalade, samengesteld. Pierre biedt ook begeleide tochten met moeilijkheidsgraad 6c-7a aan, tel. 04 90 71 05 23.

Winkelen

Silvain Frères: 84210 St-Didier, tel. 04 90 66 09 57, bezichtiging van het atelier op afspraak.
De broers Silvain zijn de zesde generatie *paysan-nougatier*, nogaboeren. De honing voor de witte zoetigheid komt uit de eigen bijenkorven, de amandelen van het land van de familie.

Atelier de Faience: Pl. de la Fontaine, tel. 04 90 66 07 92, half mrt.-half okt. di.-za. 10–19 uur.
Of het nu kopjes, dienbladen of kommen zijn – de faiences van Anne Viard-Oberlin zijn allemaal blauw-wit geschakeerd.

Office de Tourisme: Rue Haute, 84210 Venasque, tel./fax 04 90 66 11 66, half mrt.-half okt. 10–12, 14.30–18.30 uur, vr., zo. ochtend gesl. juni-aug. ma. rondleidingen 15 uur (Engels), apr.-okt. do. 17 uur.

La Garrigue: Rte. de l'Appié, tel. 04 90 66 03 40, fax 04 90 66 61 43, eind okt.-mrt. gesl., 2 pk vanaf € 54.
De rustieke inrichting van de kamers doet wat ouderwets aan. De kamers op de begane grond beschikken echter over een mooi terras en in de tuin bevindt zich het enige hotelzwembad van Venasque.
La Maison aux Volets bleus: Rue de l'Hôpital, tel. 04 90 66 03 04, fax 04 90 66 16 14, www.maison-volets-bleus.com, nov.-half mrt. gesl., 2 pk vanaf € 72.
Het hotel van Martine Maret ligt midden in het dorp. Vijf charmante kamers, schaduwrijke binnenplaats, salon en terras met uitzicht.
Auberge la Fontaine: Pl. de la Fontaine, tel. 04 90 66 02 96, fax 04 90 66 13 14, www.auberge-lafontaine.com, half nov. tot kort voor kerst gesl., suite vanaf € 125.
Geen hotel, maar meer een pension met vijf modern en luxueus ingerichte appartementen, voorzien van keuken, wasmachine, logeerbed, cd-speler, airconditioning, fax, videorecorder en terras met uitzicht.

Auberge la Fontaine: zie onder 'Hotels', wo. gesl.
Hoe de vleugel op de eerste verdieping terechtkwam, blijft het geheim van de eigenaar. De voortreffelijke gerechten doen dit vraagstuk al snel vergeten. Wie het *Menu du Jour* van € 34 te uitgebreid is, kan ook naar de wat soberder Bistro de la Fontaine op de begane grond uitwijken. Daar staan naast een goedkoop dagmenu (€ 14) klassiekers als salade met warme geitenkaas en kabeljauwfilet met olijven op de kaart.
Auberge de Beaucet: Le village, 84210 Le Beaucet, tel. 04 90 66 00 23, zo. avond, ma. en dec.-jan. gesl., menu € 29.
Dorpsetablissement met uitzicht op het dal en gerechten van het niveau haute cuisine. Op de kaart staan lekkernijen als gegrilde parelhoen in jeneverbessaus en rund met ansjovis. De pasta's zijn natuurlijk huisgemaakt.

Uitstapjes

Gorges de la Nesque (D 3): D 942, 15 km noordoostelijker.
De kloof van de Nesque biedt vrijwel dezelfde duizelingwekkende afgronden als de Gorges du Verdon – vooral bij de Belvédère de Castelleras.
Abbaye de Sénanque (C 4): D 177, 14 km zuidelijker, mrt.-okt. ma.-za. 10–12, 14–18, zo. 14–18, anders ma.-vr. 14–17, za., zo. 14–18 uur.
Bijna 900 jaar geleden bouwden cisterciënzer monniken de abdij van Sénanque in een verlaten gebied. Het kunststukje van Provençaals-romaanse stijl doorstond ver van de bewoonde wereld oorlogen en *la Grande Révolution.* De romaanse cisterciënzerabij in het lavendelveld biedt een typisch Provençaals plaatje. De kruisgang, de kerk en het dormitorium zijn uitzonderlijk goed bewaard gebleven.

EXTRA-

Vijfmaal de Provence ontdekken:

1. Truffelroute in de Tricastin
2. Het fruittelersgebied van de Sorgue

Alle Extra-routes zijn op de grote kaart ingetekend

routes

3. Met Mayle en markies de Sade in de Lubéron
4. Geen land, geen water
5. Lila velden, blauwgroene afgrond: de kleuren van de Haute-Provence

Extra-route 1

Zwart goud – geen grammetje gaat er verloren

Truffelroute in de Tricastin (A 1-B 1)

Tweederde van Frankrijks truffels komt uit de driehoek tussen Montélimar, Valréas en St-Paul-Trois-Châteaux. In dit gebied proeft u al de Midi, ook al bevindt u zich bestuurstechnisch nog in de regio Rhône-Alpes, in het département Drôme. In de Tricastin, de zuidgrens van Drôme, doet de 'zwarte diamant' het beter dan waar ook elders in Frankrijk. Het klimaat is hier al mediterraan, maar niet zo kurkdroog als in de naburige Provence. Na de naaldbomen van de uitlopers van de Alpen vindt u hier de olijfbomen van de Provence. De omstandigheden voor de truffel, die van november tot februari groeit, zijn hier ideaal. Roestbruin, duifblauw, lavendelgrijs, antraciet en zwartgroen zijn in die tijd de kleuren van het truffellandschap.

De naam Tricastin komt van de Liguriërstam de Tricastini. De Romeinen lazen 'drie kastelen' in die naam, vandaar dat **St-Paul** (zie blz. 91), de bescheiden hoofdstad van het truffelland, nog altijd het achtervoegsel 'Trois Châteaux' in zijn naam draagt. In het truffelmuseum van dat mooie stadje leert u dat een *brûlé* een ronde vlakte met verdord gras rond de stam van een eik, hazelnootstruik of kastanje is. Hier moet men zijn, want de ondergronds groeiende paddestoel onttrekt alle kracht aan de grond, waardoor de bovengrondse vegetatie afsterft. *Cavage* heet de truffelzoektocht met de hond (heel soms met een varken), *rabasse* is de gangbare naam voor de truffel in de Tricastin.

Vanuit St-Paul-Trois-Châteaux rijdt u langs adelaarsnesten als Clansayes en Montségur-sur-Lauzon, verweerde dorpjes die tegen de rotsen aangeplakt lijken te zijn. De dorpen van de Tricastin zijn nog redelijk ongerept, zonder zelfbenoemde kunstenaars, ecobakkers en tweede-huisbezitters – zo'n beetje de Provence van 20 jaar geleden. De Tricastin is een stille, kleine wereld waar u nog niet van de ene galerie naar het volgende platgetrapte, o zo pittoreske dorpje trekt. Zelfs in het hoogseizoen is het hier nog rustig, en 's winters is de streek nog helemaal in handen van de truffelboeren en hun honden, die 's ochtends in alle vroegte het land afspeuren.

Op de truffelmarkt

Alle culinaire grootheden trekken naar de jaarlijkse truffelmarkt van **Richerenches** (zie blz. 93), waar de paddestoel voor duizenden euro's per kilo van eigenaar verwisselt. Daar komt ook Pierre-Jean Pébeyre, de grote man van de truffelhandel en op het oog een kloon van Napoleon. Op de markt van Richerenches zijn minstens drie tussenpersonen actief voor deze uit het 500 km verderop gelegen Cahors overgekomen truffelpaus. Onder de kale platanen langs de stadsmuur is het een drukte van belang, want geen boer wil deze markt missen. De routiniers van de markt herkent u in één oogopslag, want iedereen kent zijn rol. Met een peuk in de mondhoek en de handen diep in de jaszakken wordt het aanbod gekeurd. Men kent elkaar, begroet elkaar discreet en laat onbekenden trots de truffels zien. Ter ere van de markt heeft de veldwachter de *tricolore* gehesen bij café 'Le Provençal'. Op die manier weet iedereen waar hij deze zaterdag moet zijn. Het systeem is doodsimpel. Er zijn twee cafés. Op de ene zaterdag is 'Rich' de plek waar de beurs zich afspeelt, de volgende week is 'Le Provençal' aan de beurt. De achterbak van een auto gaat open, er ruist een plastic zak, een doek wordt heel even opgetild. De neus neemt de geur op, en even later wordt er over de prijs onderhandeld. Zakje na zakje wordt op de hand gewogen. Bij de tiende slag van de klokkentoren staat de dagprijs vast. De tussenpersonen *(courtiers)* komen in actie, met blocnote en potlood gewapend persen de truffelhandelaren zich door de mensenmassa heen. Elke gram gaat onder de hamer. Bij vertrouwde leveranciers koopt men nog wel ongezien in, ook als de prijs wat hoger ligt; alles wordt contant afgerekend.

Kleinere truffelmarkten vinden plaats in **Grillon** (ma.) en **Valréas** (wo.), en weekmarkten waarop ook truffels worden aangeboden, vindt u in **St-Paul-Trois-Châteaux**, **Grignan** (di.), **Chamaret** (ma.) en **Montségur-sur-Lauzon** (do.). Wie hier inkoopt, krijgt en passant een paar boerenregels mee. De belangrijkste is dat de truffels pas goed zijn als het dat jaar op het Johannesfeest, 14 juli en 15 augustus heeft geregend.

Route-informatie

Inlichtingen: de beschermde soortnaam '*Truffe du Tricastin*' omvat 15 gemeenten in de Vaucluse en 68 in de Drôme provençale. Nadere informatie (ook over het kopen van truffels bij boeren) kunt u krijgen in het Maison de la Truffe du Tricastin in St-Paul-Trois-Châteaux (zie blz. 91).
Informatie over de truffelsoorten in Frankrijk en de markten vindt u op www.truffle-and-truffe (Frans- en Engelstalig).

Truffels kopen:

Grignan
Domaine de Bramarel, tel. 04 75 46 52 20. Via de D 941 richting Grillon rijden; net voorbij Grignan ziet u links het bordje naar de boerderij. Pierre Ayme verkoopt truffels en stekjes van eiken die met truffelsporen zijn voorbehandeld.

Réauville
La Ferme des Eybrachats, tel. 04 75 98 52 82. Vanaf de D 541 de D 56 richting Réauville nemen. Zo'n 2 km voor het dorp ziet u links het bordje naar de boerderij. Verse en geconserveerde truffels.

St-Paul-Trois-Châteaux
Le Caveur, Le Montmeyras, tel. 04 75 96 66 38.
Verse en geconserveerde truffels, delicatessen en wijnen.

Route: 50 km, halve dag.

Extra-route 2

Verfrissend en smakelijk – meloenen uit Cavaillon

Het fruittelersgebied van de Sorgue (C 4-B 1)

Ten oosten van Avignon doorsnijden de Sorgue en zijn vele zijtakken een vruchtbaar gebied. Dit is Pays des Sorgues – let op het meervoud – waar appels, peren, abrikozen en perziken de indruk wekken dat u in luilekkerland bent aangekomen. De namen van de dorpen, zoals Pernes-les-Fontaines en Isle-sur-la-Sorgue, verraden iets van de rijkdom aan beekjes, bronnen en riviertjes van deze streek. In het voorjaar geven de roze bloesem van de perzikbomen en de hagelwitte bloemen van de perenbomen de oevers hun frisse kleuren; vanaf juni ruikt het hier naar meloenen en aardbeien.

De rotswanden van het Plateau de Vaucluse begrenzen dit mooiste fruittelersgebied van de Provence. Aan de westrand van de hoogvlakte ontspringt de Sorgue spectaculair uit een krater in de kalkrotsen: **Fontaine-de-Vaucluse** (zie blz. 74), een van de meestbezochte plaatsen van de streek, is het beginpunt van de rondrit door meloenvelden en fruitboomgaarden.

Markten, markten, markten

Na **Cavaillon** (zie blz. 65), dat u via de smalle D 24 bereikt, wordt het een stuk rustiger. Uit Cavaillon komen de lekkerste meloenen, die in het hele land bekend zijn als *'melons de Cavaillon'* en op de weekmarkt (ma.) te koop zijn. De heerlijk zoete, om zijn oranjekleurige sappige vruchtvlees beroemde meloen wordt hier al sinds de 15e eeuw verbouwd, maar pas vanaf 1925 gaan de velden hoofdzakelijk getooid met de uit de Charente stammende, ovale Canteloup-soort met zijn lichtgroene schil. Van de 130 ha meloenvelden rond Vavaillon worden jaarlijks zo'n 40.000 vruchten op de markt verhandeld. Van de kwaliteit van de vrucht en de opbrengst van de verkoop zijn meer dan 2000 arbeidsplaatsen afhankelijk. In het weekend rond 14 juli is er het Melon en fêtes, met een markt, een mis in de kathedraal en een optreden van de ridders van de orde 'du Melon de Cavaillon'.

L'Isle-sur-la-Sorgue (zie blz. 81) is een betoverend mooi plaatsje. Ten oosten ervan splitst de Sorgue zich in tweeën en aansluitend slingert de groenblauwe rivier zich als een sjerp om de oude binnenstad – en zorgt hij voor ruim voldoende water voor de appelboomgaarden in de omgeving. In het eerste weekend van augustus nemen de boeren de boot: tijdens de *marché flottant* (drijvende markt) verkopen ze knoflook, meloenen en salade vanaf schepen in de rivier. Rond

L'Isle-sur-la-Sorgue liggen velden vol fruitboomgaarden. De driehoek tussen Cavaillon, Apt en Pernes-les-Fontaines vormt één kolossale moestuin, die al eeuwenlang het belangrijkste fruitgebied van de Provence is. De kanalen die hier de velden doorsnijden zorgen voor het broodnodige water.
Slechts 4 km noordelijker is het op zomeravonden in het dorpje **Velleron** een drukte van belang. Velleron is het enige dorp in de Vaucluse waar de markt 's avonds en 's nachts plaatsvindt. En wat voor markt! Op de *marché agricole* (half april-sept. dag. vanaf 18 uur, anders di., vr., za.) is het fruit uit deze streek per kist van de boeren te koop.

Van de stad van de fonteinen naar Saumane-de-Vaucluse

Pernes-les-Fontaines is de stad van de fonteinen; het charmante plaatsje telt maar liefst 37 *fontaines* – vandaar natuurlijk de naam. De meeste stammen uit de 18e eeuw, toen men net een belangrijke vindplaats voor vers grondwater ontdekt had. Ook hier kent dankzij het grondwater de productie van groente en fruit geen grenzen. De verbouw van de gewassen heeft zich inmiddels tot een belangrijke industrie ontwikkeld. Met name in het voorjaar, als de mistral nog vorstschade aan bloesem en nieuwe scheuten kan aanrichten, ziet u daarom overal tunnels van plastic-folie op het land staan.
De D 28 leidt over glooiende heuvels en fruitboomgaarden naar **St-Didier**. Rond dit dorp met uitzicht op de Mont Ventoux wemelt het van de platanen: een door deze bomen gevormde groene tunnel voert naar een stadspoort (15e eeuw).
In het zuiden ligt tegen de flank van een heuvel **La Roque-sur-Pernes**. De industriële fruitkwekerij is nog niet tot hier doorgedrongen. Het decor bestaat uit kleine boomgaarden, die op steile plekken liggen waar moderne plukmachines niet kunnen komen.
Met scherpe bochten slingert de smalle D 57 het dal in, naar het 10 km verderop gelegen **Saumane-de-Vaucluse**. Hier vlakbij eindigt de rondrit, en bent u terug in Fontaine-Vaucluse.

Route-informatie

Inlichtingen:
L'Isle-sur-la-Sorgue
Office de Tourisme (zie blz. 82), www.isle-sur-la-sorgue.enprovence.com
Pernes-les-Fontaines
Office de Tourisme, Pl. Gabriel-Mouette, tel. 04 90 61 31 04.
Cavaillon
Het Office de Tourisme (zie blz. 66) organiseert tussen juni en half aug. bezichtigingen van meloenboerderijen (vr.).
Op bezoek bij de fruitteler:
Rose en Claude Combe ontvangen bezoekers op hun boerderij **Le Domaine de L'Oiselet** in Sarrians (8 km ten westen van Carpentras, Les Garrigues de l'Etang, tel./fax 04 90 65 57 57). Het echtpaar verbouwt meloenen, groenten, druiven en aromatische planten. Op het programma staan: kookcursussen, meloensnijden, proeverijen met sorbets, gebak en allerlei soorten jam, en het weekend 'Melon Passion' (eerste weekend van aug.) met een feest, proeverij met 45 (!) soorten meloen en een groot banket. Reserveren!
Route: 50 km, 4 uur.

Extra-route 3

Lacoste was de thuisbasis van markies De Sade

Met Mayle en markies De Sade in de Lubéron (D 5-D 4)

Een onstuitbare woesteling die tijdens zijn leven vanwege zijn losbandigheid werd gehaat, maar nu als cultfiguur geldt. Een schrijver met een scherpe pen, wiens zedenschets hem tot meest gehate man van de Lubéron maakte, maar die wel enorme oplages scoort. Bedoeld worden markies De Sade en Peter Mayle. De twee verschillen enorm, maar delen ook twee passies: voor de Lubéron en voor het schrijven. De tocht begint in **Ménerbes** (zie blz. 86). Na het wereldwijde succes van zijn boek 'Een jaar in de Provence' werd het voor Peter Mayle steeds moeilijker om in dit prachtige dorp in de Lubéron te blijven: busladingen toeristen kwamen de bakkersvrouw en de slager uit het boek opzoeken. De dorpelingen waren slecht te spreken over de details die Mayle uit hun leven geopenbaard had. Toen de toeristen ook steeds vaker het huis van de schrijver aandeden, besloot hij te vertrekken. In tegenstelling tot Mayle was markies De Sade een echte zoon van de Provence. Hij groeide op in het Château de Saumane en keerde ook later nog vaak terug naar deze schoot van zijn familie in **Lacoste** (zie blz. 82). In 1771 moest De Sade voor het eerst vanwege allerlei wilde geruchten vluchten, maar echt beroemd werd de markies pas later, vanwege de sessies die hij met prostituées uit Marseille beleefde. Nadat hij de grens over was gevlucht naar Italië, ter dood was veroordeeld en door het parlement vervolgens weer was vrijgepleit, woonde hij nog enkele jaren in Lacoste. Daar bracht hij zijn tijd niet in ledigheid door, want de inwoners van het dorp en omgeving klaagden steeds maar weer over de slotheer, klachten die elke keer weer betrekking hadden op de verleidingen waaraan de meisjes uit het dorp bloot stonden en de obscure handelingen die in het kasteel zouden plaatsvinden. Ten slotte maakte een arrestatiebevel van de koning de Lubéron weer veilig, en mocht de markies in de bastille zijn zonden overdenken.

Klim naar het Château

De rondrit begint met een bezichtiging van het **Château**. Hoe u ook naar de ruïne toe wilt gaan, bereid u voor op een stevige klim. De steen voor steen gerestaureerde ruïne is eigendom van couturier Pierre Cardin. Het mooist is echter het uitzicht: in het zuidoosten wordt het vergezicht gedomineerd door de Petit Lubéron, naar het noorden ziet u het Plateau de Valensole. De helft van de 400 inwoners van Lacoste is alleen in de vakanties in het dorp aanwezig; de rest vertelt in Café de Sade graag een paar sterke verhalen over de beroemde markies.

Pastis en wijn

Via de D 108 en de Romeinse Pont Julien gaat de tocht naar **Bonnieux** (zie blz. 61), de hoofdstad van het departement. Hier kunt u even op een terras plaatsnemen, met een boek van de schrijvende wellusteling. Uw 'Justine' is natuurlijk uitsluitend bedoeld om te leren begrijpen waarom de markies destijds zo door de dorpsmeisjes in vervoering raakte. Een pastis op het dorpsplein van Bonnieux brengt u in de juiste stemming voor een bezoek aan de kelders van het nabije **Château La Canourgue**: De Sade kon weliswaar nog geen gebruikmaken van de D 149 die naar dit wijngoed voert, maar hij ging wel regelmatig bij dit barokke buurkasteel op bezoek. Vandaag de dag maakt men hier een heerlijke rode wijn. Kasteelheer / wijnboer Jean-Pierre Margan laat u graag proeven van zijn biologisch bereide 'Côtes du Lubéron', die u uiteraard ook kunt kopen (tel. 04 90 08 32 98). De bron die de wijnstokken van water voorziet, ontspringt in een onderaardse gaanderij die de Romeinen hier in het kalksteen hebben uitgehouwen.

Naar Buoux en Lourmarin

Een weggetje (D 13) slingert zich avontuurlijk omhoog naar **Buoux** (zie blz. 63). Wie wil, kan hier de wandelschoenen aantrekken en via de ruïne van de burcht van Buoux naar de Mourre Nègre, de met 1125 m hoogste top van de Lubéron, wandelen (GR 9 / GR 92). Met de auto gaat het verder naar **Lourmarin** (zie blz. 83), waar Peter Mayle inmiddels is neergestreken. De weg erheen door de Combe de Lourmarin (D 943), de enige kloof die de blauw glanzende kam van de Lubéron van noord naar zuid doorsnijdt, is een belevenis op zichzelf. In Lourmarin wonen vele welgestelde Parijzenaars en andere 'buitenlanders'.

Route-informatie

Inlichtingen: Parc Régional du Lubéron (zie blz. 44), www.parc-du-luberon.org

Logeren bij markies De Sade:

Château de Mazan, Pl. Napoléon, Mazan, tel. 04 90 69 76 62, fax 04 90 69 76 62, www.chateaudemazan.fr, jan.-half feb. gesl., 2 pk vanaf € 90.

In de Vaucluse zijn vele sporen van markies De Sade te vinden, waaronder het in 1730 gebouwde barokpaleis van Mazan. Hier organiseerde De Sade in 1772 een theaterfestival. Of er ook stukken van de markies zelf op het programma stonden, vertelt de geschiedenis niet, wel dat de uitvoeringen in de tegenwoordig als restaurant dienende salon plaatsvonden. Wat zich verder in het kasteel afspeelde, wordt aan uw eigen fantasie overgelaten – het kasteel is sinds kort een luxehotel. De kamers zijn licht en aangenaam; op de begane grond beschikken ze over een tuintje met uitzicht op het zwembad. De bovenste etages bieden uitzicht over de rozekleurige daken van het dorp.

Route: 80 km, één dag.

Extra-route 4

Uitstapje op Camargue-paarden bij Les Stes-Maries-de-la-Mer

Geen land, geen water (kaartje Camargue)

De Camargue is een amfibisch gebied aan de monding van de Rhône, omsloten door de beide armen van de rivier die zich hier opsplitst in de Petit en de Grand Rhône. De zon brandt hier genadeloos op de onbeschermde velden. De zinderende hitte lijkt hemel en steppe te verenigen. Er loopt hier vrijwel geen enkele weg en voor dorpen biedt de zachte bodem nauwelijks houvast. Her en der duikt een *mas* op, een wit geschilderde boerderij van rundvee- en paardenfokkers. De wind heeft vrij spel op deze mergelgrond, waar nauwelijks bomen of struiken groeien. Het amfibische landschap van 86.300 ha wetlands, moerassen, salinen, rijstvelden, duinen, meertjes en weiden valt onder natuurbescherming: dijken en riet zijn een ideaal broedgebied voor flamingo's en trekvogels. De mens maakt al eeuwen gebruik van het ondiepe zoute water om op natuurlijke wijze zout te winnen. Waar de grond wat steviger wordt, bepalen runderbaronnen en *gardians*, de cowboys van de Camargue, de sfeer. Het mooist kunt u de Camargue te paard verkennen. Voor tochten kunt u terecht bij een groot aantal *mas* van de runderbaronnen.

Door het natuurpark

Het beginpunt van de tocht door het Parc Régional de Camargue is Arles. Via de D 36 rijdt u langs de Grand Rhône naar **Salin-de-Giraud**. Hier wordt op de Salins du Midi op weidse, door muurtjes van elkaar gescheiden vlakten jaarlijks zo'n 800.000 ton zout gewonnen (Compagnie des Salins du Midi, Pl. Péchiney, tel. 04 90 18 41 22, rondleiding op afspraak). In het zuiden lonkt het wilde, 30 km lange Plage de Piémancon (bereikbaar via de D 36d) met zijn duinen en fijne zand. In het oosten, bij de vuurtoren van Beauduc ligt nog een wild strand (opgelet: laat niets van waarde in de auto achter). Ook het veer (Le Bac de Bacarin) over de Grand Rhône, in het oosten van de plaats, is een bezichtiging waard. Het is de laatste in zijn soort en onderhoudt een verbinding tussen de Camargue en de Crau.

De D 36c voert hiervandaan door moerassig gebied naar het **Etang de Vaccarès**. Bij dit grootste meer van het natuurpark is de kans groot dat u zilverreigers en flamingo's kunt waarnemen. Vooral vanaf de westelijke oever (La Capelière) is het uitzicht prachtig. Langs de oever van het meer rijdt u over de D 37 tot u bij een kruising naar rechts afslaat. Via de Mas d'Agon en Ste-Cécile komt u dan bij de Mas du

Rousty. In de vroegere schaapskooi van deze hoeve toont **Musée Camarguais** hoe het landschap zich ontwikkeld heeft en hoe de mens de natuurlijke omstandigheden gebruikt (wo.-ma. 9.15–17.45, juli-aug. tot 18.45, 's winters 10.15–16.45 uur, met 3,5 km lang educatief pad).
Bij het gehucht Pont de Gau kunt u in het **Parc ornithologique** vogels bekijken (apr.-sept. 9–18 uur). De meeste vogels zijn vanaf de paden op dit 12 ha grote natuurgebied te zien (uitkijktorens). Op het Etang de Ginès kunnen de vogels zich afzonderen. In de omgeving grazen de zwarte Camargue-runderen en grauwwitte paarden.

'Zigeunerromantiek'

Les Stes-Maries-de-la-Mer is onlosmakelijk verbonden met alle clichés over de zigeunerromantiek. Ook het **Ecomusée-Panorama du Voyage** grijpt met klederdracht en muziekuitvoeringen regelmatig terug op de spreekwoordelijke beelden over het 'vrolijke zigeunerleven'. In het **Musée Baroncelli** passeert de geschiedenis van de Camargue de revue (mei-sept. wo.-ma. 10–12, 14–18 uur, dec. gesl.). De stichter, markies Folco de Baroncelli-Javon (1869–1943), zorgde dat de met uitsterven bedreigde runderen en paarden van zijn geliefde Camargue onder strenge voorschriften konden blijven voortleven. Ten tijde van de zigeunerbedevaarten is het strand van Les Stes-Maries-de-la-Mer vrijwel onbereikbaar. Als de drukte voorbij is, biedt het strand Les Arènes voldoende ruimte voor strandzeilers (Camargue Wind Club, tel. 04 90 97 98 41, € 15 per uur). Van Les Stes-Maries-de-la-Mer loopt een onverharde weg langs het Etang de Vaccarès naar Salin-de-Giraud – een unieke fietstocht (40 km).

Route-informatie

Inlichtingen: Parc Naturel Régional de Camargue, D 570, Pont de Gau, tel. 04 90 97 86 32, www.parcs-naturels-regionaux.tm.fr
Paardrijden in de Camargue:
Le Mas de Peint: D 36, op 3 km van Le Sambuc, tel. 04 90 97 20 62, fax 04 90 97 22 20, www.mas-de-peint.com, half nov.-half dec., begin jan.-begin mrt. gesl., 2 pk vanaf € 206. Tochten € 8 per uur. 'Journée Camarguaise' € 32 p.p.
Deze 400 jaar oude hoeve biedt 500 ha land en luxueuze kamers in een ranch-achtige sfeer.
Le Mas de Cacharel: Route de Cacharel, 5 km ten noorden van Les Stes-Maries-de-la-Mer, tel. 04 90 97 95 44, fax 04 90 97 87 97, www.hotel-cacharel.com, 2 pk vanaf € 99. Aan het Etang de l'Impérial. Begeleide excursies in het natuurpark Camargue. € 20 per uur, € 40 per 3 uur, € 63 per dag.
Lou Mas doù Juge: Pin Fourcat, D 85, bij Les Stes-Maries-de-la-Mer (overtocht met het veer Le Bac du Sauvage), tel. 04 66 73 51 45.
Een ferme-auberge met restaurant. Menu vanaf € 38. Tochten € 16 per uur, tochten per koets met vier personen € 31 per uur.
Domaine de la Palissade: Salin-de-Giraud, tel. 06 87 84 33 72, 04 42 86 81 28, apr.-okt. 9–17 uur. Tussen de Rhône en de salinen. Tochten (vanaf vijf pers.), vogelobservatie, van één uur tot één dag, prijzen op aanvraag.
Route: 130 km, één dag.

Extra-route 5

Lila lavendelvelden, strakblauwe lucht – het Plateau de Valensole

Lila velden, blauwgroene afgrond: de kleuren van de Haute-Provence (G 5-K 5)

De Haute-Provence vertoont maar weinig gelijkenis met de lieflijke velden van de *Provence rhôdanienne* in de stedelijke driehoek Avignon-Arles-Aix. Het rotsige landschap doet hier veeleer ruig aan, en de zuidelijke Alpen zijn altijd zichtbaar. Machtige bergen, steile afgronden en kolkende rivieren vormen een meeslepend decor. Bovendien hullen de bloeiende lavendelvelden de Haute-Provence van juni tot september in een lila mantel.

Hoogvlakte in het teken van de lavendel

De route begint rustig in **Gréoux-les-Bains**. De onlangs gerastaureerde kasteelruïne is de trots van dit kuuroord aan de onderloop van de Verdon. Vanaf boven hebt u uitzicht op het **Plateau de Valensole** (zie blz. 85). De hoogvlakte is het bezichtigen waard vanwege het grootste aaneengesloten lavendelgebied van de Haute-Provence. Vanuit **Valensole**, dat in een halve cirkel tegen de berg aan ligt, leidt de D 56 naar **Puimoisson**, dat helemaal omringd is door lavendelvelden. Kilometers achtereen ziet u uitsluitend lavendel. Over de beroemde lavendelhoning komt u in het imkermuseum van Valensole (Musée Vivant de l'Abeille, Route de Manosque, juni-aug. dag., feb.-mrt., sept.-dec. di.-za. 8–12, 13.30–17.30 uur) meer te weten. In het derde weekend van juli viert Valensole het Fête de la Lavande (informatie bij het Office de Tourisme, tel. 04 92 74 90 02). Ook kunt u een echte lavendeldistilleerderij bezichtigen: de boerderij van Jean-Paul Angelvin is van juni tot half sept. open voor bezoekers (Campagne Neuve, tel. 04 92 74 82 60, dag. 9–19 uur).

Een omweg naar het bergdorpje **St-Jurs** eindigt aan de voet van de 1800 m hoge bergen die de noordoostgrens van het Plateau vormen – een ideaal beginpunt voor een dagje wandelen.

Riez ligt er met zijn middeleeuwse poorten, oudheidkundige zuilen en vroeg-christelijke baptisterium uitnodigend bij. Ook de charme van het dorp en enkele prima restaurants maken een bezoek de moeite waard.

Verfrissend stuwmeer

In **Ste-Croix-de-Verdon** kunt u hierna wat verkoeling vinden. De naar dit dorp genoemde stuwdam heeft van het bergdorp een badplaats gemaakt.

Het silhouet is onveranderd: het **Lac de Ste-Croix** (zie blz. 79) weerspiegelt tot diep in het voorjaar de met sneeuw bedekte toppen van de Alpen. Ook het betoverende **Bauduen** lag hoog genoeg om bij het ontstaan van het stuwmeer in 1972 boven water te blijven. Van Les Salles-de-Verdon resteert echter slechts de naam en een nieuw dorp met een strand; het oude dorp werd door het meer verzwolgen.

De dorpen van de Gorges du Verdon

Het herkenningspunt van **Aiguines** is het witte, met hoektorentjes afgezette kasteel. Het plaatsje ligt aan de ingang van de mooiste kloof van Europa, de tot 800 m diepe Gorges du Verdon (zie blz. 78). De panoramische Corniche Sublime (D 71) slingert over de zuidelijke wanden van de kloof. Verwijderd van wandel-, klim- en raftinggroepen heeft **Trigance** (zie blz. 78) zijn karakter als bergdorp weten te behouden – en er is nog een mooi hotel ook.

Via Trigance komt u aan de noordkant van de Gorges du Verdon. Een eerste hoogtepunt aan de D 952 is het **Point Sublime**, een duizelingwekkend mooi uitkijkpunt op het blauwe lint van de Verdon aan de voet van het bergdorp Rougon. In **La Palud-sur-Verdon**, een uitvalsbasis voor buitensporters, lonkt een omweg over de D 23 (borden 'Route des Crêtes'), die vlak langs het ravijn loopt – maar de uitkijkpunten zijn niet geschikt voor mensen die last van hoogtevrees hebben.

De laatste halte is **Moustiers-Ste-Marie** (zie blz. 79). Fijnproevers associëren die naam met sterrenrestaurants, maar al veel langer schittert er aan een 227 m lange ketting een ster boven Moustiers-Ste-Marie. Die ketting is gespannen over een rotskloof en hangt daar waarschijnlijk al sinds de 12e eeuw. Ooit was de ketting van zilver, maar nu is hij van verguld staal. Een stukje naar beneden staat op een uitstekende rotspunt de kapel Notre-Dame-de-Beauvoir. Een steile weg slingert zich van de pelgrimskapel omlaag naar het dorp. De oude steegjes schurken aan alle kanten tegen de romaanse parochiekerk aan. Het dorpje wordt doorsneden door een beek, de Rioul; aan de oevers liggen enkele prachtige terrassen. Al deze facetten samen hebben Moustiers-Ste-Marie de reputatie van het mooiste dorp van Frankrijk bezorgd.

Een zeer schilderachtig **wandelpad** om het dorp heen voert naar de watervallen van de Rioul, een middeleeuws stenen bruggetje en olijfboomgaarden – en op de achtergrond zijn in het noorden altijd weer de scherpe toppen van de Alpen zichtbaar.

Route-informatie

Inlichtingen:
Les Routes de la Lavande, 2, Av. de Venterol, 26111 Nyons, tel. 04 75 26 65 91, fax 04 75 26 32 67, www.routes-lavande.com
Onder de verzamelnaam 'Les Routes de la Lavande' hebben de teeltgebieden van de Haute-Provence de handen ineengeslagen. In een jaarlijks geactualiseerde brochure vindt u vijf lavendeltochten (Drôme provençale, Plateau de Valensole, Sault en de Mont Ventoux, Forcalquier en Montagne de Lure, Pays de Buech) met tips voor bezichtigingen, feesten en inkoop bij boeren.
Route: 225 km, twee dagen.

Register

Fotoverantwoording en colofon

Omslag: Monfort
Blz. 1: olijven
Blz. 6/7: Arles, Place du Forum
Blz. 38/39: Gordes
Blz. 106/107: Lourmarin in de Lubéron

Karl Johaentges/Look, München blz. 12
Hartmut Krinitz/laif, Köln omslag, blz. 9, 18, 42, 57, 61, 110, 116
P. S. Kristensen/laif, Köln blz. 54
Jürgen Richter/LOOK, München blz. 11, 98/99, 106/107
Martin Thomas, Aachen blz. 1, 2, 3, 6/7, 8, 14, 22, 24, 28, 38/39, 49, 51, 66, 73, 76/77, 80, 83, 84, 88/89, 92, 103, 112, 114, achterzijde omslag
Fulvio Zanettini/laif, Köln blz. 108

Hulp gevraagd!
De informatie in deze reisgids is aan verandering onderhevig. Het kan dus wel eens gebeuren dat u ter plaatse een andere situatie aantreft dan de auteur. Is de tekst niet meer helemaal correct, laat ons dat dan even weten. Ons adres is:
ANWB Uitgeverij Boeken, redactie Buitenland
Postbus 93200, 2509 BA Den Haag
buitenlandredactie@anwb.nl

Productie: ANWB Uitgeverij Boeken
Uitgever: Harry Schuring
Coördinatie: Kim Hendrikx
Vertaling: Pieter Streutker
Redactie en opmaak: Pieter Streutker
Grafisch concept: Groschwitz, Hamburg
Cartografie: © DuMont Reisekartografie, Puchheim © MAIRDUMONT, Ostfildern
Gedrukt in Duitsland

Vierde, herziene druk
ISBN-13: 978-90-18-02208-2
ISBN-10: 90-18-02208-x